Formeln und Tabellen

für die Sekundarstufe I

Gesellschaft für Bildung und Technik mbH

Autoren:

Frank-Michael Becker (Biologie)
Gunter Boortz (Technik)
Dr. Lutz Engelmann (Mathematik, Informatik)
Dr. Christine Ernst (Chemie)
Heinz Höhne (Chemie)
Rudi Lenertat (Mathematik)
Dr. Günter Liesenberg (Mathematik)
Prof. Dr. habil. Lothar Meyer (Physik)
Doz. Dr. habil. Christa Pews-Hocke (Biologie)
Dr. Gerd-Dietrich Schmidt (Physik, Technik)
Dr. habil. Reinhard Stamm (Mathematik)
Prof. Dr. habil. Karlheinz Weber (Mathematik)

Die Deutsche Bibliothek – CIP-Einheitsaufnahme

Formeln und Tabellen für die Sekundarstufe I / Paetec,
Gesellschaft für Bildung und Technik mbH. – 1. Aufl. – Berlin:
Paetec, Ges. für Bildung und Technik, 1994
ISBN 3–928707–00–0 brosch.
ISBN 3–89517–250–2 Gb.

Gedruckt auf chlorfrei gebleichtem Papier
1 ^{5} ^{4} ^{3} | 1998 97 96
Die letzte Zahl bezeichnet das Jahr dieses Druckes.

1. Auflage

© paetec Gesellschaft für Bildung und Technik mbH
Berlin 1994
Alle Rechte vorbehalten.

Redaktion: Dr. Lutz Engelmann
Layout und Zeichnungen: Dr. Zlatko Enev
Druck: Westermann Druck Zwickau GmbH

ISBN 3–928707–00–0 (Broschur)
       3–89517–250–2 (Festeinband)

Inhalt

Alphabete, Primzahlen, Rechnen mit Näherungswerten 4	A1
Größen und Einheiten 6	A2
Wertetabellen 11	A3
Mengenlehre 18 Aussagenlogik 19 Rechenregeln 19	Ma1
Kaufmännisches Rechnen 22 Gleichungslehre 24	Ma2
Planimetrie 27	Ma3
Stereometrie 32	Ma4
Funktionen 34 Folgen und Summen 39	Ma5
Analytische Geometrie der Ebene 40	Ma6
Kombinatorik 43 Wahrscheinlichkeitsrechnung und Statistik 45	Ma7
Datendarstellung 47 Algorithmenstrukturen 49	ITG
Elektrotechnik/Elektronik 50 Metall 53 Technisches Zeichnen 53	Te
Erhaltungssätze 55 Mechanik 55	Ph1
Wärmelehre 61	Ph2
Elektrizitätslehre 63	Ph3
Schwingungen und Wellen 68 Optik 69	Ph4
Atom- und Kernphysik 70 Astronomie 70	Ph5
Eigenschaften von Stoffen 72	Ch1
Säuren – Basen – Salze 77 Zusammenhänge aus Stöchiometrie und Elektrochemie 78	Ch2
Stoff- und Energiewechsel 80 Organismen und ihre Umwelt 81	Bio1
Humanbiologie 83 Regelvorgänge/Regelkreisschema 85 Vererbungslehre/Genetik 85 Mikrobiologie 85	Bio2
Register 86	

Allgemeines

Alphabete, Primzahlen, Rechnen mit Näherungswerten

Griechisches Alphabet

A	α	Alpha	H	η	Eta	N	ν	Ny	T	τ	Tau
B	β	Beta	Θ	θ, ϑ	Theta	Ξ	ξ	Xi	Y	υ	Ypsilon
Γ	γ	Gamma	I	ι	Jota	O	o	Omikron	Φ	φ	Phi
Δ	δ	Delta	K	κ	Kappa	Π	π	Pi	X	χ	Chi
E	ε	Epsilon	Λ	λ	Lambda	P	ρ	Rho	Ψ	ψ	Psi
Z	ζ	Zeta	M	μ	My	Σ	σ	Sigma	Ω	ω	Omega

Römische Zahlzeichen

Schreibweise: – links beginnend mit dem Symbol der größten Zahl
– die Symbole I, X, C werden höchstens dreimal hintereinander geschrieben, die Symbole V, L, D nur einmal
– steht ein Symbol einer kleineren Zahl vor dem einer größeren, so wird sein Wert von dem folgenden größeren subtrahiert

Symbole										
I	1	C	100	III	3	X	10	XL	40	XCVIII	98	DCCCLXXXVIII	888
V	5	D	500	VII	7	XI	11	XLI	41	IC	99	CM	900
X	10	M	1000	VIII	8	XXX	30	LXXXIV	84	CVII	107	MCMLXXXVII	1987
L	50			IX	9	XXXIX	39	XC	90	CCCII	302	MXMIII	1993

Primzahlen

2	101	233	383	547	701	877	1039	1223	1427	1583	1777	1987
3	103	239	389	557	709	881	1049	1229	1429	1597	1783	1993
5	107	241	397	563	719	883	1051	1231	1433	1601	1787	1997
7	109	251	401	569	727	887	1061	1237	1439	1607	1789	1999
11	113	257	409	571	733	907	1063	1249	1447	1609	1801	
13	127	263	419	577	739	911	1069	1259	1451	1613	1811	2003
17	131	269	421	587	743	919	1087	1277	1453	1619	1823	2011
19	137	271	431	593	751	929	1091	1279	1459	1621	1831	2017
23	139	277	433	599	757	937	1093	1283	1471	1627	1847	2027
29	149	281	439	601	761	941	1097	1289	1481	1637	1861	2029
31	151	283	443	607	769	947	1103	1291	1483	1657	1867	2039
37	157	293	449	613	773	953	1109	1297	1487	1663	1871	2053
41	163	307	457	617	787	967	1117	1301	1489	1667	1873	2063
43	167	311	461	619	797	971	1123	1303	1493	1669	1877	2069
47	173	313	463	631	809	977	1129	1307	1499	1693	1879	2081
53	179	317	467	641	811	983	1151	1319	1511	1697	1889	2083
59	181	331	479	643	821	991	1153	1321	1523	1699	1901	2087
61	191	337	487	647	823	997	1163	1327	1531	1709	1907	2089
67	193	347	491	653	827		1171	1361	1543	1721	1913	2099
71	197	349	499	659	829	1009	1181	1367	1549	1723	1931	2111
73	199	353	503	661	839	1013	1187	1373	1553	1733	1933	2113
79	211	359	509	673	853	1019	1193	1381	1559	1741	1949	2129
83	223	367	521	677	857	1021	1201	1399	1567	1747	1951	2131
89	227	373	523	683	859	1031	1213	1409	1571	1753	1973	2137
97	229	379	541	691	863	1033	1217	1423	1579	1759	1979	2141

Allgemeines

Darstellung von Dezimalzahlen mit Hilfe abgetrennter Zehnerpotenzen $\quad a \in Q_+$

a > 1	a < 1
$3\,440\,000 = 3{,}44 \cdot 1\,000\,000 = 3{,}44 \cdot 10^6$ Beim Übergang von $3{,}44 \cdot 10^6$ zur normalen Schreibweise rückt das Komma um 6 Stellen nach rechts, und man erhält $3\,440\,000$.	$0{,}000\,000\,023 = 2{,}3 \cdot 0{,}000\,000\,01 = 2{,}3 \cdot 10^{-8}$ Beim Übergang von $2{,}3 \cdot 10^{-8}$ zur normalen Schreibweise rückt das Komma um 8 Stellen nach links, und man erhält $0{,}000\,000\,023$.
Hinweis: Für $3{,}44 \cdot 10^6$ wird von manchen Taschenrechnern und Computern auch „3,44 E6" oder „3,44 06" ausgegeben.	

Rundungsregeln

Regel	Anwendung
Abrunden: Beim Runden werden alle auf eine bestimmte Ziffer folgenden Ziffern durch Nullen ersetzt. Die betreffende Ziffer bleibt unverändert, wenn ihr vor der Nulleneinsetzung eine 0, 1, 2, 3 oder 4 folgte.	56358 soll auf Tausender gerundet werden. Der 6 folgt eine 3, es ist also abzurunden: $56358 \approx 56000$
Aufrunden: Beim Runden werden alle auf eine bestimmte Ziffer folgenden Ziffern durch Nullen ersetzt. Die betreffende Ziffer wird um 1 erhöht, wenn ihr vor der Nulleneinsetzung eine 5, 6, 7, 8 oder 9 folgte.	56358 soll auf Hunderter gerundet werden. Der 3 folgt eine 5, es ist also aufzurunden: $56358 \approx 56400$

Rechnen mit Näherungswerten

Näherungswerte erhält man beim	– Schätzen, Messen und Runden, – Ersetzen von irrationalen Zahlen durch rationale Zahlen, – Ersetzen von gemeinen Brüchen, die auf periodische Dezimalbrüche führen, – Arbeiten mit Tafeln, Taschenrechnern und Computern.

Regel	Anwendung
Beim **Addieren und Subtrahieren** sucht man denjenigen Näherungswert heraus, bei dem die letzte zuverlässige Ziffer am weitesten links steht, und rundet das Ergebnis auf diese Stelle.	$\begin{array}{r} 19{,}123 \\ +\ 33{,}1 \quad \leftarrow \\ +\ 6{,}24 \\ \hline 58{,}463 \approx 58{,}5 \quad \leftarrow \end{array}$
Beim **Multiplizieren und Dividieren** sucht man denjenigen Näherungswert heraus, der die geringste Anzahl zuverlässiger Ziffern besitzt, und rundet das Ergebnis auf diese Stellenanzahl.	$\begin{array}{r} 2{,}345 \cdot 2{,}3 \\ \hline 4690 \\ 7035 \\ \hline 5{,}3935 \approx 5{,}4 \end{array}$

Vorsätze bei Einheiten

Vorsatz	Bedeutung	Zeichen	Faktor, mit dem die Einheit multipliziert wird	Vorsatz	Bedeutung	Zeichen	Faktor, mit dem die Einheit multipliziert wird
Exa	Trillion	E	10^{18}	Dezi	Zehntel	d	$0{,}1 = 10^{-1}$
Peta	Billiarde	P	10^{15}	Zenti	Hundertstel	c	$0{,}01 = 10^{-2}$
Tera	Billion	T	$10^{12} = 1\,000\,000\,000\,000$	Milli	Tausendstel	m	$0{,}001 = 10^{-3}$
Giga	Milliarde	G	$10^9 = 1\,000\,000\,000$	Mikro	Millionstel	µ	$0{,}000\,001 = 10^{-6}$
Mega	Million	M	$10^6 = 1\,000\,000$	Nano	Milliardstel	n	$0{,}000\,000\,001 = 10^{-9}$
Kilo	Tausend	k	$10^3 = 1\,000$	Pico	Billionstel	p	$0{,}000\,000\,000\,001 = 10^{-12}$
Hekto	Hundert	h	$10^2 = 100$	Femto	Billiardstel	f	10^{-15}
Deka	Zehn	da	$10^1 = 10$	Atto	Trillionstel	a	10^{-18}

Allgemeines

Größen und Einheiten

Größe	Formelzeichen	Einheiten		Beziehungen zwischen den Einheiten	
Aktivität einer radioaktiven Substanz (Zerfallsrate) (S. 70)	A	Becquerel	Bq	1 Bq	$= 1 s^{-1}$
Äquivalentdosis (S. 70)	H	Sievert	Sv	1 Sv	$= 1 J \cdot kg^{-1}$
			rem		$= 100$ rem
Arbeit (S. 58)	W, A	Joule	J	1 J	$= 1 kg \cdot m^2 \cdot s^{-2}$
		Newtonmeter	N·m		$= 1 N \cdot m$
		Wattsekunde	W·s		$= 1 W \cdot s$
		Kilowattstunde	kW·h	1 kW·h	$= 3{,}6 \cdot 10^6 W \cdot s$
Atommasse, relative (S. 70)	A_r		1		
Beleuchtungsstärke (S. 70)	E	Lux	lx	1 lx	$= 1 lm \cdot m^{-2}$
Beschleunigung (S. 56 f.)	a, g	Meter je Quadratsekunde	m·s^{-2}	$1 m \cdot s^{-2}$	$= 1 N \cdot kg^{-1}$
Blindleistung, elektrische (S. 66)	Q	Watt	W	1 W	$= 1$ var
Brennweite (S. 69)	f	Meter	m		
Brechwert (Brechkraft) (S. 69)	D	Dioptrie	dpt	1 dpt	$= 1 m^{-1}$
Drehmoment (Kraftmoment) (S. 56)	M	Newtonmeter	N·m	1 N·m	$= 1 kg \cdot m^2 \cdot s^{-2}$
Drehzahl (S. 56 f.)	n	je Sekunde	s^{-1}	$1 s^{-1}$	$= 60$ min^{-1}
Druck (S. 59)	p	Pascal	Pa	1 Pa	$= 1 N \cdot m^{-2}$
		Bar	bar	1 bar	$= 10^5$ Pa
		Atmosphäre	at	1 at	$= 9{,}81 \cdot 10^4$ Pa
		Torr (Millimeter Quecksilbersäule)	mmHg	1 Torr	$= 133{,}32$ Pa
		Meter Wassersäule	mWS	1 mWS	$= 9{,}81 \cdot 10^3$ Pa
Durchschlagsfestigkeit (S. 65)	E_d	Volt je Meter	V·m^{-1}		
Energie innere (S. 62)	E, W, U	Joule	J	1 J	$= 1 kg \cdot m^2 \cdot s^{-2}$
		Newtonmeter	N·m		$= 1 N \cdot m$
		Wattsekunde	W·s		$= 1 W \cdot s$
		Elektronenvolt	eV	1 eV	$= 1{,}602 \cdot 10^{-19}$ J
		Steinkohleneinheit	SKE	1 kg SKE	$= 29{,}3$ MJ
Energiedosis (S. 70)	D	Gray	Gy	1 Gy	$= 1 J \cdot kg^{-1}$
Fallbeschleunigung (Ortsfaktor) (S. 11)	g	Meter je Quadratsekunde	m·s^{-2}	$1 m \cdot s^{-2}$	$= 1 N \cdot kg^{-1}$
Feldstärke, elektrische (S. 64)	E	Volt je Meter	V·m^{-1}	$1 V \cdot m^{-1}$	$= 1 kg \cdot m \cdot s^{-3} \cdot A^{-1}$
					$= 1 N \cdot C^{-1}$
Feldstärke, magnetische (S. 65)	H	Ampere je Meter	A·m^{-1}	$1 A \cdot m^{-1}$	$= 1 kg \cdot m \cdot s^{-3} \cdot V^{-1}$
					$= 1 N \cdot Wb^{-1}$
Feuchte, absolute (S. 62)	ρ_w	Kilogramm je Kubikmeter	kg·m^{-3}	$1 kg \cdot m^{-3}$	$= 10^{-3} g \cdot cm^{-3}$
Feuchte, relative (S. 62)	φ		1		
Flächeninhalt (Fläche)	A, S	Quadratmeter	m^2	1 m^2	$= 10^{-6}$ km^2
					$= 10^2$ dm^2
					$= 10^4$ cm^2
					$= 10^6$ mm^2
		Hektar	ha	1 ha	$= 10^4$ m^2
		Ar	ar	1 ar	$= 10^2$ m^2
Frequenz (S. 68)	f, ν	Hertz	Hz	1 Hz	$= 1 s^{-1}$

Allgemeines

Größe	Formelzeichen	Einheiten		Beziehungen zwischen den Einheiten
Geschwindigkeit Ausbreitungsgeschwindigkeit (S. 68)	v, u c	Meter je Sekunde Kilometer je Stunde Knoten	$m \cdot s^{-1}$ $km \cdot h^{-1}$ kn	$1\ m \cdot s^{-1} = 3{,}6\ km \cdot h^{-1}$ $1\ km \cdot h^{-1} = 0{,}28\ m \cdot s^{-1}$ $1\ kn = 1\ sm \cdot h^{-1}$ $\quad\quad = 1852\ m \cdot h^{-1}$
Höhe	h	Meter	m	s. Länge
Induktivität (S. 66)	L	Henry	H	$1\ H = 1\ Wb \cdot A^{-1}$ $\quad\ = 1\ m^2 \cdot kg \cdot s^{-2} \cdot A^{-2}$
Kapazität, elektrische (S. 65)	C	Farad	F	$1\ F = 1\ A \cdot s \cdot V^{-1}$
Kraft (S. 55)	F	Newton Kilopond	N kp	$1\ N = 1\ kg \cdot m \cdot s^{-2}$ $\quad\ = 1\ J \cdot m^{-1}$ $1\ kp = 9{,}81\ N$
Kreisfrequenz (S. 68)	ω	je Sekunde	s^{-1}	$1\ s^{-1} = 60\ min^{-1}$
Ladung, elektrische (S. 63)	Q	Coulomb	C	$1\ C = 1\ A \cdot s$
Länge	l	Meter Seemeile Astronomische Einheit Lichtjahr Parsec Ångström	m sm AE ly pc Å	$1\ sm = 1852\ m$ $1\ AE = 1{,}496 \cdot 10^{11}\ m$ $1\ ly = 9{,}461 \cdot 10^{15}\ m$ $1\ pc = 3{,}086 \cdot 10^{16}\ m$ $1\ Å = 10^{-10}\ m$
Lautstärkepegel (Lautstärke) (S. 60)	L_N	Phon	phon	
Leistung (S. 58, 61, 63)	P	Watt Pferdestärke	W PS	$1\ W = 1\ J \cdot s^{-1}$ $\quad\ = 1\ V \cdot A$ $\quad\ = 1\ kg \cdot m^2 \cdot s^{-3}$ $\quad\ = 1\ N \cdot m \cdot s^{-1}$ $1\ PS = 736\ W$
Leistungsfaktor (S. 66)	cos φ		1	
Leitfähigkeit, elektrische (S. 16, 63)	γ	Siemens je Meter	$S \cdot m^{-1}$	$1\ S \cdot m^{-1} = 1\ \Omega^{-1} \cdot m^{-1}$ $\quad\quad\quad = 10^{-6}\ m \cdot \Omega^{-1} \cdot mm^{-2}$
Leitwert, elektrischer (S. 63)	G	Siemens	S	$1\ S = 1\ \Omega^{-1}$
Leuchtdichte (S. 70)	L_V	Candela je Quadratmeter	$cd \cdot m^{-2}$	
Lichtstärke (S. 70)	I_V	Candela	cd	
Lichtstrom (S. 70)	Φ_V	Lumen	lm	$1\ lm = 1\ cd \cdot sr$
Masse	m	Kilogramm Tonne Zentner Pfund Karat Atomare Masseeinheit	kg t Ztr. Pfd. k u	$1\ t = 10^3\ kg$ $1\ Ztr. = 50\ kg$ $1\ Pfd. = 500\ g$ $1\ k = 2 \cdot 10^{-4}\ kg$ $1\ u = 1{,}66 \cdot 10^{-27}\ kg$
Molare Masse (S. 78)	M	Kilogramm je Mol	$kg \cdot mol^{-1}$	$1\ kg \cdot mol^{-1} = 10^3\ g \cdot mol^{-1}$
Molares Volumen (S. 78)	V_m	Kubikmeter je Mol	$m^3 \cdot mol^{-1}$	$1\ m^3 \cdot mol^{-1} = 10^3\ l \cdot mol^{-1}$
Periodendauer (Schwingungsdauer) (S. 68)	T	Sekunde	s	s. Zeit
Radius	r	Meter	m	s. Länge
Raumwinkel	Ω, ω	Steradiant	sr	$1\ sr = 1\ m^2 \cdot m^{-2}$
Schalldruckpegel (S. 60)	L_A	Dezibel (A)	dB(A)	

Allgemeines

Größe	Formelzeichen	Einheiten		Beziehungen zwischen den Einheiten
Schallintensität (S. 60)	I	Watt je Quadratmeter	$W \cdot m^{-2}$	$1\ W \cdot m^{-2} = 1\ kg \cdot s^{-3}$
Spannung, elektrische (S. 63)	U, u	Volt	V	
Stoffmenge (S. 78)	n	Mol	mol	
Stoffmengenkonzentration (S. 79)	c_i	Mol je Liter	$mol \cdot l^{-1}$	$1\ mol \cdot l^{-1} = 1\ mol \cdot dm^{-3}$
Stromstärke, elektrische (S. 63)	I, i	Ampere	A	
Temperatur	T ϑ	Kelvin Grad Celsius Grad Fahrenheit Grad Réaumur	K °C °F °R	0 °C = 273,15 K 32 °F = 0 °C 212 °F = 100 °C 0 °R = 0 °C 80 °R = 100 °C
Übersetzungsverhältnis (S. 53, 67)	ü, i		1	
Vergrößerung eines optischen Gerätes (S. 69)	V		1	
Volumen	V	Kubikmeter	m^3	$1\ m^3 = 10^{-9}\ km^3$ $= 10^3\ dm^3$ $= 10^6\ cm^3$ $= 10^9\ mm^3$
		Liter	l	$1\ l = 10^{-3}\ m^3$ $= 1\ dm^3$
		Registertonne	RT	$1\ RT = 2{,}832\ m^3$
Wärme (Wärmemenge) (S. 61)	Q	Joule	J	$1\ J = 1\ N \cdot m$ $= 1\ kg \cdot m^2 \cdot s^{-2}$ $= 1\ W \cdot s$
		Kalorie	cal	$1\ cal = 4{,}19\ J$
Wärmekapazität (Wärmeinhalt) (S. 61)	C_{th}	Joule je Kelvin	$J \cdot K^{-1}$	$1\ J \cdot K^{-1} = 1\ W \cdot s \cdot K^{-1}$
Wärmeleitwiderstand (S. 62)	R_λ	Kelvin je Watt	$K \cdot W^{-1}$	
Wärmestrom (S. 62)	Φ_{th}	Watt	W	$1\ W = 1\ J \cdot s^{-1}$
Weg	s	Meter	m	s. Länge
Wellenlänge (S. 68)	λ	Meter	m	s. Länge
Widerstand, OHMscher (S. 66)	R	Ohm	Ω	$1\ \Omega = 1\ V \cdot A^{-1}$ $= 1\ S^{-1}$
Widerstand, induktiver (S. 66)	X_L	Ohm	Ω	$1\ \Omega = 1\ V \cdot A^{-1}$
Widerstand, kapazitiver (S. 66)	X_C	Ohm	Ω	$1\ \Omega = 1\ V \cdot A^{-1}$
Winkel (S. 36)	$\alpha, \beta,$ $\gamma, \varphi,$ $\sigma, ...$	Radiant	rad	$1\ \text{rad} = \dfrac{180°}{\pi} \approx 57{,}296°$
		Grad	°	$1° = \dfrac{\pi}{180}\ \text{rad} \approx 0{,}01745\ \text{rad}$
Wirkungsgrad (S. 58, 61)	η		1 oder in %	
Zeit (Zeitspanne, Dauer)	t	Sekunde Minute Stunde	s min h	1 min = 60 s 1 h = 60 min = 3600 s
		Tag	d	1 d = 24 h = 1440 min = 86400 s
		Jahr	a	1 a = 365 d oder 366 d

Allgemeines

Nichtdezimale Maße

Land	Einheit	Kürzel	Umrechnungen	
Zählmaße				
Deutschland	Dutzend		1 Dutzend = 12 Stück	
Deutschland	Schock		1 Schock = 5 Dutzend	1 Schock = 60 Stück
Deutschland	Gros		1 Gros = 12 Dutzend	1 Gros = 144 Stück
Längenmaße				
Großbritannien, USA	inch (Zoll)	in (auch ")	1 in = 1" = 25,4 mm	
Großbritannien, USA	foot (Pl.: feet)	ft (auch ')	1 ft = 1' = 30,48 cm	1 foot = 12 inches
Großbritannien, USA	yard (Elle)	yd	1 yd = 91,44 cm 11 m = 12 yds	1 yard = 3 feet
Großbritannien, USA	statute mile	st mi	1 st mi = 1609,3 m	1 km = 0.6215 st mi
Großbritannien	fathom (Tiefenmaß)		1 fathom = 1,829 m	
Deutschland	geographische Meile		1 geogr. Meile = 7421,5 m	1 g. M. $\cong \frac{1}{15}$ Äquatorgrad
Deutschland	Seemeile	sm	1 sm = 1852 m	1 sm $\cong \frac{1}{60}$ Meridiangrad
Rußland	Sashen		1 Sashen = 2,13 m	
Rußland	Werst		1 Werst = 1,067 km	1 Werst = 500 Sashen
Flächenmaße				
Großbritanien	acre		1 acre = 40,47 a	
Deutschland (preuß.)	Morgen		1 Morgen = 25,5 a = 0,255 ha	
Deutschland (sächs.)	Morgen		1 Morgen = 27,67 a = 0,2767 ha	
Deutschland (sächs.)	Acker		1 Acker = 55,34 a = 0,5534 ha	1 Acker = 2 Morgen
Rußland	Desjatine		1 Desjatine = 1,0925 ha	
Raummaße				
Deutschl., USA, GB	Registertonne	RT (reg tn)	1 RT = 2,832 m^3	1 RT = 100 Kubikfuß
Großbritannien, USA	barrel (Petroleum)		1 barrel = 158,758 l	
Großbritannien	Imperial gallon	gal	1 gal = 4,546 l	
USA	Petrol gallon	gal	1 gal = 3,785 l	
Großbritannien	bushel	bu	1 bu = 36,349 l	1 bu = 8 gal
USA	bushel	bu	1 bu = 35,239 l	
Rußland	Botschka		1 Botschka = 4,9195 hl	
Massenmaße				
Großbritannien, USA	ounce (Unze)	oz	1 oz = 28,35 g	
Großbritannien, USA	pound (Gewichtspfund)	lb (lat.: libra)	1 lb = 0,45359 kg = 435,59 g	1 lb = 16 oz
Großbritannien	quarter (Viertel)	qr	1 qr = 12,7 kg	1 qr = 28 lbs
USA	quarter (Viertel)	qr	1 qr = 11,34 kg	1 qr = 25 lbs
Großbritannien	centweight (Zentner)	cwt	1 cwt = 50,802 kg	1 cwt = 4 qrs = 112 lbs
USA	centweight (Zentner)	cwt	1 cwt = 45,359 kg	1 cwt = 4 qrs = 100 lbs
Großbritannien	long ton (Tonne)	lton	1 lton = 1016,05 kg	1 lton = 20 cwts = 2240 lbs
USA	short ton (Tonne)	ston	1 ston = 907,185 kg	1 ston = 20 cwts = 2000 lbs
Deutschland	Pfund	Pfd.	1 Pfd. = 500 g	
Deutschland	Zentner	Ztr.	1 Ztr. = 50 kg	1 Ztr. = 100 Pfd.
Rußland	Funt		1 Funt = 409,5 g	
Rußland	Pud		1 Pud = 16,385 kg	1 Pud = 40 Funt
Rußland	Berkowetz		1 Berkowetz = 163,85 kg	1 Berkowetz = 10 Pud

Allgemeines

Einheiten der Arbeit, Energie, Wärme

Einheit	Umrechnungsfaktor in				
	J, W·s, N·m	kW·h	kcal	kg SKE	eV
1 Joule (1 J) 1 Wattsekunde (1 W·s) 1 Newtonmeter (1 N·m)	1	$2{,}778 \cdot 10^{-7}$	$2{,}388 \cdot 10^{-4}$	$3{,}41 \cdot 10^{-8}$	$6{,}241 \cdot 10^{18}$
1 Kilowattstunde (1 kW·h)	3 600 000	1	860	0,123	$2{,}25 \cdot 10^{25}$
1 Kilokalorie (1 kcal)	4190	$1{,}16 \cdot 10^{-3}$	1	$1{,}43 \cdot 10^{-4}$	$2{,}61 \cdot 10^{22}$
1 kg Steinkohleneinheit (1 kg SKE)	$2{,}93 \cdot 10^{7}$	8,14	$1{,}43 \cdot 10^{-4}$	1	$1{,}83 \cdot 10^{26}$
1 Elektronenvolt (1 eV)	$1{,}6 \cdot 10^{-19}$	$4{,}45 \cdot 10^{-26}$	$3{,}83 \cdot 10^{-23}$	$5{,}5 \cdot 10^{-27}$	1

Einheiten der Leistung

Einheit	Umrechnungsfaktor in				
	W, J·s^{-1}, N·m·s^{-1}	kW	kcal·h^{-1}	PS	
1 Watt (1 W) 1 Joule je Sekunde (1 J·s^{-1}) 1 Newtonmeter je Sekunde (1 N·m·s^{-1})	1	0,001	0,86	0,00136	
1 Kilowatt (1 kW)	1000	1	860	1,36	
1 Kilokalorie je Stunde (1 kcal·h^{-1})	1,16	0,00116	1	0,00158	
1 Pferdestärke (1 PS)	736	0,736	632	1	

Einheiten des Druckes

Einheit	Umrechnungsfaktor in			
	Pa	bar	at	Torr
1 Pascal (1 Pa)	1	10^{-5}	$1{,}02 \cdot 10^{-5}$	$7{,}5 \cdot 10^{-3}$
1 Bar (1 bar)	100 000	1	1,02	750
1 Atmosphäre (1 at)	$9{,}81 \cdot 10^{4}$	0,981	1	736
1 mm Quecksilbersäule (1 Torr)	133,32	$1{,}33 \cdot 10^{-3}$	$1{,}36 \cdot 10^{-3}$	1

Einheiten der Zeit

Einheit	Umrechnungsfaktor in				
	s	min	h	d	a
1 Sekunde (1 s)	1	$1{,}67 \cdot 10^{-2}$	$2{,}78 \cdot 10^{-4}$	$1{,}16 \cdot 10^{-5}$	$3{,}16 \cdot 10^{-8}$
1 Minute (1 min)	60	1	$1{,}67 \cdot 10^{-2}$	$6{,}94 \cdot 10^{-4}$	$1{,}90 \cdot 10^{-6}$
1 Stunde (1 h)	3600	60	1	$4{,}17 \cdot 10^{-2}$	$1{,}14 \cdot 10^{-4}$
1 Tag (1 d)	86 400	1 440	24	1	$2{,}74 \cdot 10^{-3}$
1 Jahr (1 a)	$3{,}16 \cdot 10^{7}$	$5{,}26 \cdot 10^{5}$	8 766	365,256	1

Allgemeines

Mathematische Konstanten

EULERsche Zahl	e	2,718 281 828 459 045 235 36 ...
LUDOLFsche Zahl (S. 31)	π	3,141 592 653 589 793 238 46 ... $\approx \frac{22}{7}$

Physikalische und chemische Konstanten

Absoluter Nullpunkt	T_0	0 K = −273,15 °C
Lichtgeschwindigkeit im Vakuum	c	$2,997\,924\,58 \cdot 10^8$ m · s^{-1}
Molares Normvolumen	V_n	22,414 l · mol^{-1}
Normdruck	p_n	101 325 Pa = 1,013 25 bar
Normfallbeschleunigung	g_n	9,806 65 m · s^{-2}
Normtemperatur	T_n, ϑ_n	T_n = 273,15 K ϑ_n = 0 °C
Gravitationskonstante	G, f, γ	$6,672\,59 \cdot 10^{-11}$ m^3 · kg^{-1} · s^{-2}
Elektrische Feldkonstante	ε_0	$8,854\,187 \cdot 10^{-12}$ A · s · V^{-1} · m^{-1}
Magnetische Feldkonstante	μ_0	$1,256\,637 \cdot 10^{-6}$ V · s · A^{-1} · m^{-1}
AVOGADRO-Konstante (AVOGADRO-Zahl)	N_A, L	$6,022\,136 \cdot 10^{23}$ mol^{-1}
FARADAY-Konstante	F	$9,649\,53 \cdot 10^4$ A · s · mol^{-1}
PLANCK-Konstante (PLANCKsches Wirkungsquantum)	h	$6,626\,07 \cdot 10^{-34}$ J · s
Allgemeine Gaskonstante	R	8,314 5 J · K^{-1} · mol^{-1}
Elektron Ladung (Elementarladung)	e	$1,602\,177 \cdot 10^{-19}$ C
Ruhemasse	m_e	$9,109\,38 \cdot 10^{-31}$ kg
spezifische Ladung	$\frac{e}{m_e}$	$1,758\,819 \cdot 10^{11}$ C · kg^{-1}
Neutron Ruhemasse	m_n	$1,674\,92 \cdot 10^{-27}$ kg
Proton Ruhemasse	m_p	$1,672\,623 \cdot 10^{-27}$ kg

Wertetabellen

Dichte ρ von festen Stoffen und Flüssigkeiten   bei 20 °C

Feste Stoffe				Flüssigkeiten	
Stoff	ρ in g · cm^{-3}	Stoff	ρ in g · cm^{-3}	Stoff	ρ in g · cm^{-3}
Aluminium	2,70	Papier	0,8 ... 1,3	Aceton (Propanon)	0,79
Beton	1,8 ... 2,4	Platin	21,45	Benzin	0,70 ... 0,74
Blei	11,35	Polyvinylchlorid (PVC)	1,3	Benzol	0,88
Diamant	3,5	Porzellan	2,2 ... 2,5	Dieselkraftstoff	0,84
Eis (bei 0 °C)	0,92	Schnee (pulvrig)	0,1	Erdöl	0,7 ... 0,9
Eisen	7,86	Silber	10,5	Methanol	0,79
Gips	2,3	Silicium	2,33	Quecksilber	13,55
Glas (Fensterglas)	2,4 ... 2,6	Stahl	7,8	Salpetersäure 50 %	1,31
Gummi	0,9 ... 1,2	Styropor	0,03	Salzsäure 37 %	1,18
Holz Buche	0,7	Zement	0,9 ... 2,1	Spiritus	0,83
Eiche	0,9				
Fichte	0,5				
Kork	0,2 ... 0,3	Ziegel	1,4 ... 1,9	Transformatorenöl	0,90
Messing	8,4	Zink	7,13	Wasser destilliert	1,00
				Meerwasser	1,02

Allgemeines

Dichte ρ von Gasen

bei 0 °C und 1013 mbar

Stoff	ρ in kg · m^{-3}	Stoff	ρ in kg · m^{-3}	Stoff	ρ in kg · m^{-3}
Ammoniak	0,77	Kohlenstoffmonoxid	1,25	Sauerstoff	1,43
Chlor	3,21	Luft	1,29	Stickstoff	1,25
Erdgas	0,73 ... 0,83	Methan	0,72	Wasserdampf (100 %)	0,61
Helium	0,18	Ozon	2,22	Wasserstoff	0,09
Kohlenstoffdioxid	1,98	Propan	2,01	Xenon	5,89

Reibungszahlen

Es sind Durchschnittswerte angegeben.

Stoff	Haftreibungszahl μ_0	Gleitreibungszahl μ	Rollreibungszahl μ_F (Fahrwiderstandszahl)
Beton auf Kies	0,8 ... 0,9	–	–
Bremsbelag auf Stahl	–	0,6	–
Holz auf Holz	0,6	0,5	–
Reifen auf Asphalt trocken	0,8	0,5	0,02
naß	0,5	0,3	–
Stahl auf Eis	0,03	0,01	–
Stahl auf Stahl trocken	0,15	0,06	0,002
geschmiert	0,11	0,01	0,001

Luftwiderstandszahlen c_w

Körper		c_w	Körper	c_w
Scheibe	→ |	1,1	PKW	0,25 ... 0,45
Kugel	→ ○	0,45	Omnibus	0,6 ... 0,7
Halbkugel	→ (	0,3 ... 0,4	LKW	0,6 ... 1,3
Schale	→)	1,4 ... 1,6	Motorrad	0,6 ... 0,7
Stromlinienkörper	→ ◠	0,06	Rennwagen	0,15 ... 0,2

Schallgeschwindigkeit c

Feste Stoffe (bei 20 °C)		Flüssigkeiten (bei 20 °C)		Gase (bei 0 °C und 1013 mbar)	
Stoff	c in m · s^{-1}	Stoff	c in m · s^{-1}	Stoff	c in m · s^{-1}
Aluminium	5100	Benzen	1320	Ammoniak	415
Beton	3800	Ethanol	1170	Helium	981
Holz (Eiche)	3400	Propantriol (Glyzerin)	1920	Kohlenstoffdioxid	258
Eis	3250	Quecksilber	1430	Luft bei −20 °C	320
				bei 0 °C	332
				bei +20 °C	344
Stahl	5100	Toluen	1350	Sauerstoff	315
Ziegelstein	3600	Wasser bei 0 °C	1407	Wasserstoff	1280
		bei 20 °C	1484		

Allgemeines

Längenausdehnungskoeffizient α fester Stoffe   bei 0 °C

Stoff	α in 10^{-5} K^{-1}	Stoff	α in 10^{-5} K^{-1}	Stoff	α in 10^{-5} K^{-1}
Aluminium	2,4	Glas (Fensterglas)	1,0	Silber	2,0
Beton	1,2	Gold	1,4	Silicium	0,2
Blei	2,9	Holz (Eiche)	0,8	Stahl	1,2
Cadmium	4,1	Kupfer	1,6	Wolfram	0,4
Eis (bei 0 °C)	5,1	Messing	1,8	Ziegelstein	0,5
Eisen	1,2	Porzellan	0,4	Zinn	2,7

Volumenausdehnungskoeffizient γ von Flüssigkeiten   bei 0 °C

Stoff	γ in 10^{-3} K^{-1}	Stoff	γ in 10^{-3} K^{-1}	Stoff	γ in 10^{-3} K^{-1}
Aceton	1,4	Methanol	1,1	Schwefelsäure	0,6
Benzin	1,0	Petroleum	0,9	Toluen	1,1
Ethanol	1,1	Quecksilber	0,18	Wasser	0,18

Spezifische Wärmekapazität c von festen Stoffen und Flüssigkeiten

Feste Stoffe zwischen 0 °C und 100 °C				Flüssigkeiten bei 20 °	
Stoff	c in kJ · kg^{-1} · K^{-1}	Stoff	c in kJ · kg^{-1} · K^{-1}	Stoff	c in kJ · kg^{-1} · K^{-1}
Aluminium	0,90	Messing	0,38	Aceton	2,10
Beton	0,90	Porzellan	0,73	Benzen	1,70
Blei	0,13	Stahl	0,47	Ethanol	2,43
Eis (bei 0 °C)	2,09	Wolfram	0,13	Methanol	2,40
Glas	0,86	Ziegelstein	0,86	Petroleum	2,0
Holz (Eiche)	2,39	Zink	0,39	Quecksilber	0,14
Kupfer	0,39	Zinn	0,23	Wasser	4,19

Spezifische Wärmekapazität von Gasen bei konstantem Druck (c_p) und bei konstantem Volumen (c_v)   bei 0 °C

Stoff	c_p in kJ · kg^{-1} · K^{-1}	c_v in kJ · kg^{-1} · K^{-1}
Ammoniak	2,05	1,56
Helium	5,24	3,22
Kohlenstoffdioxid	0,85	0,65
Luft	1,01	0,72
Sauerstoff	0,92	0,65
Stickstoff	1,04	0,75
Wasserdampf	1,86	1,40
Wasserstoff	14,28	10,13

Allgemeines

Wärmeleitfähigkeit λ — bei 20 °C und 1013 mbar

Feste Stoffe		Feste Stoffe		Flüssigkeiten		Gase	
Stoff	λ in $W \cdot m^{-1} \cdot K^{-1}$	Stoff	λ in $W \cdot m^{-1} \cdot K^{-1}$	Stoff	λ in $W \cdot m^{-1} \cdot K^{-1}$	Stoff	λ in $W \cdot m^{-1} \cdot K^{-1}$
Aluminium	234	Kupfer	398	Benzen	0,1	Helium	0,143
Beton	1,1	Stahl	41 … 58	Ethanol	0,2	Luft	0,02
Blei	35	Wolfram	169	Quecksilber	8,7	Sauerstoff	0,02
Eis (bei 0 °C)	2,2	Ziegelstein	0,4 … 0,8	Terpentin	0,14	Stickstoff	0,02
Holz (Eiche)	0,2	Zinn	63	Wasser	0,6	Wasserstoff	0,16

Wärmeübergangskoeffizient α

Körper	α in $W \cdot m^{-2} \cdot K^{-1}$
Ruhendes Wasser um Rohre	350 … 600
Siedendes Wasser an Metallflächen	3500 … 6000
Siedendes Wasser in Rohren	7000 … 14000

Innenflächen geschlossener Räume
    Innenfenster, Wandflächen
    Fußboden, Decken
	
	8
	7

Außenfenster	12
Außenseite geschlossener Räume	23

Wärmedurchgangskoeffizient k

Körper		k in $W \cdot m^{-2} \cdot K^{-1}$
Außenwand (Hohlziegel)	ungedämmt mit Dämmschicht (8 cm)	1,3 0,4
Glasscheiben	einfach doppelt (6 mm Abstand) doppelt (12 mm Abstand)	5,8 3,5 3,0
Ziegeldach	ungedämmt mit Dämmschicht (10 cm)	6,0 0,4

Schmelztemperatur ϑ_s und spezifische Schmelzwärme q_s

Stoff	ϑ_s in °C	q_s in $kJ \cdot kg^{-1}$	Stoff	ϑ_s in °C	q_s in $kJ \cdot kg^{-1}$
Aluminium	660	396	Aceton (Propanon)	−94,7	82
Blei	327	24	Ethanol	−114,1	105
Eis	0	334	Methanol	−97,7	69
Eisen	1540	275	Quecksilber	−39	12
Kupfer	1083	205	Ammoniak	−78	332
Silber	961	104	Helium	−270	−
Stahl	≈ 1500	270	Sauerstoff	−219	14
Wolfram	3410	192	Stickstoff	−210	26
Zinn	232	59	Wasserstoff	−259	59

Allgemeines

Siedetemperatur ϑ_v und spezifische Verdampfungswärme q_v

Stoff	ϑ_v in °C	q_v in kJ·kg^{-1}	Stoff	ϑ_v in °C	q_v in kJ·kg^{-1}
Aluminium	2 450	10 500	Aceton (Propanon)	56,1	525
Blei	1 740	871	Benzen	80,1	394
Eisen	3 000	6 322	Ethanol	78,3	845
Gold	2 970	1 578	Quecksilber	357	285
Graphit	4 830	–	Wasser	100	2 260
Kupfer	2 600	4 650	Ammoniak	–33,5	1 370
Silber	2 210	2 357	Kohlenstoffdioxid	–78,4	574
Wolfram	5 930	4 190	Sauerstoff	–183	214
Zink	906	1 802	Stickstoff	–196	198
Zinn	2 270	2 386	Wasserstoff	–253	455

Maximale absolute Feuchte $\rho_{w,max}$ bei verschiedener Temperatur

ϑ in °C	$\rho_{w,max}$ in g·m^{-3}	ϑ in °C	$\rho_{w,max}$ in g·m^{-3}	ϑ in °C	$\rho_{w,max}$ in g·m^{-3}
–10	2,14	2	5,6	14	12,1
–8	2,54	4	6,4	16	13,6
–6	2,99	6	7,3	18	15,4
–4	3,51	8	8,3	20	17,3
–2	4,13	10	9,4	22	19,4
0	4,84	12	10,7	24	21,8

Heizwert H (unterer Heizwert)

Feste Stoffe	H in MJ·kg^{-1}	Flüssigkeiten	H in MJ·kg^{-1}	Gase	H in MJ·kg^{-1}
Braunkohle	8 … 15	Benzin	44 … 53 (32 … 38 MJ/l)	Ethin (Azetylen)	50 (59 MJ/m^3)
Braunkohlen-briketts	20	Diesel	41 … 44 (35 … 38 MJ/l)	Erdgas	42 (31 MJ/m^3)
Holz (trocken)	8 … 16	Heizöl	43 (42 MJ/l)	Propan	47 (94 MJ/m^3)
Steinkohle	27 … 33	Petroleum	51 (41 MJ/l)	Stadtgas	28 (17 MJ/m^3)
Torf (trocken)	15	Spiritus	39 (32 MJ/l)	Wasserstoff	133 (12 MJ/m^3)

Elektrochemisches Äquivalent c

Stoff	c in mg·C^{-1}	Stoff	c in mg·C^{-1}	Stoff	c in mg·C^{-1}
Aluminium	0,0932	Lithium	0,0719	Sauerstoff	0,0829
Blei	1,0741	Natrium	0,2383	Silber	1,1179
Chlor	0,3675	Nickel	0,2027	Wasserstoff	0,0105
Gold	0,6813	Quecksilber	2,0792	Zink	0,3388
Kupfer	0,3294	Platin	0,5059	Zinn	0,6151

Allgemeines

Spezifischer elektrischer Widerstand ρ und elektrische Leitfähigkeit γ (κ)

Leiter	ρ in $\Omega \cdot mm^2 \cdot m^{-1}$	γ in $\Omega^{-1} \cdot m^{-1}$	Isolatoren	ρ in $\Omega \cdot mm^2 \cdot m^{-1}$	γ in $\Omega^{-1} \cdot m^{-1}$	Andere Stoffe	ρ in $\Omega \cdot mm^2 \cdot m^{-1}$	γ in $\Omega^{-1} \cdot m^{-1}$
Aluminium	0,028	$3,6 \cdot 10^7$	Bernstein	$> 10^{22}$	$< 10^{-16}$	Blut	$1,6 \cdot 10^6$	0,63
Blei	0,21	$4,8 \cdot 10^6$	Erde (trocken)	$10^8 \ldots 10^{10}$	$10^{-4} \ldots 10^{-2}$	Fettgewebe	$3,3 \cdot 10^7$	0,03
Eisen	0,10	$1,0 \cdot 10^7$	Glas	$10^{13} \ldots 10^{17}$	$10^{-11} \ldots 10^{-7}$	Kochsalzlösung (10%)	$7,9 \cdot 10^4$	13
Gold	0,022	$4,5 \cdot 10^7$	Glimmer	$10^{15} \ldots 10^{17}$	$10^{-11} \ldots 10^{-9}$	Kohle	50	$2 \cdot 10^4$
Konstantan	0,50	$2 \cdot 10^6$	Hartgummi	$10^{13} \ldots 10^{16}$	$10^{-10} \ldots 10^{-7}$	Kupfersulfatlösung (10 %)	$3,0 \cdot 10^5$	3,3
Kupfer	0,017	$5,9 \cdot 10^7$	Holz (trocken)	$10^{10} \ldots 10^{15}$	$10^{-9} \ldots 10^{-4}$	Meerwasser	$5,0 \cdot 10^5$	2,0
Messing	0,07	$1,4 \cdot 10^7$	Papier	$10^{15} \ldots 10^{16}$	$10^{-10} \ldots 10^{-9}$	Muskelgewebe	$2,0 \cdot 10^6$	0,50
Quecksilber	0,96	$1,0 \cdot 10^6$	Petroleum	$10^{10} \ldots 10^{12}$	$10^{-6} \ldots 10^{-4}$	Salzsäure (10 %)	$1,5 \cdot 10^4$	67
Silber	0,016	$6,3 \cdot 10^7$	Porzellan	10^{18}	10^{-12}	Schwefelsäure (10%)	$2,5 \cdot 10^4$	40
Stahl	0,10...0,20	$5 \cdot 10^6 \ldots 10 \cdot 10^6$	Silikonöl	$10^{12} \ldots 10^{13}$	$10^{-7} \ldots 10^{-6}$	Silicium (Eigenleitung)	$2,5 \cdot 10^9$	$4 \cdot 10^4$
Wolfram	0,053	$1,9 \cdot 10^7$	Wasser (destilliert)	10^{10}	10^{-4}	Silicium (hochdotiert)	$1,0 \cdot 10^2$	$1,0 \cdot 10^4$

Dielektrizitätszahl ε_r

Stoff	ε_r	Stoff	ε_r	Stoff	ε_r
Bernstein	2,8	Luft	1,0006	Porzellan	5 ... 6,5
Glas	5 ... 16	Methanol	34	Transformatorenöl	2,2 ... 2,5
Glimmer	5 ... 9	Papier	1,2 ... 3,0	Wasserstoff	1,0003
Holz	3 ... 10	Paraffin	2,0	Wasser	80
Keramische Werkstoffe	50 ... 10 000	Petroleum	2,0	Vakuum	1

Permeabilitätszahl μ_r

Diamagnetische Stoffe		Paramagnetische Stoffe		Ferromagnetische Stoffe	
Stoff	μ_r	Stoff	μ_r	Stoff	μ_r
Antimon	0,999 884	Aluminium	1,000 02	Cobalt	80 ... 200
Gold	0,999 971	Chromium	1,000 28	Dynamoblech	200 ... 3000
Quecksilber	0,999 966	Eisen(III)-chlorid	1,003 756	Eisen	250 ... 680
Wasser	0,999 991	Luft	1,000 000 37	Nickel	280 ... 2500
Zink	0,999 986	Platin	1,000 2	Sonderlegierungen	bis 900000

Allgemeines

Spektrum elektomagnetischer Wellen

Bezeichnung	Wellenlänge in m	Bezeichnung	Wellenlänge in nm
Technischer Wechselstrom	$1,9 \cdot 10^7 \ldots 3 \cdot 10^6$	Sichtbares Licht	
Tonfrequenter Wechselstrom	$3 \cdot 10^6 \ldots 3 \cdot 10^4$	rot	780 … 620
		orange	620 … 600
HERTZsche Wellen		gelb	600 … 570
Langwellen (LF)	$10^4 \ldots 10^3$	grün	570 … 490
Mittelwellen (MF)	$10^3 \ldots 10^2$	blau	490 … 460
Kurzwellen (HF)	100 … 10	indigo	460 … 430
UKW (VHF)	10 … 1	violett	430 … 390
UKW (UHF)	1 … 0,1		
Mikrowellen	$0,1 \ldots 3 \cdot 10^{-5}$	Ultraviolette Strahlung	$3,9 \cdot 10^2 \ldots 10$
		Röntgenstrahlung	$10 \ldots 6 \cdot 10^{-5}$
Infrarote Strahlung	$3 \cdot 10^{-5} \ldots 7,8 \cdot 10^{-7}$	Gammastrahlung und kosmische Strahlung	$< 3 \cdot 10^{-1}$

Lichtgeschwindigkeit c und Brechzahl n

Stoff	Lichtgeschwindigkeit c in 10^6 m · s^{-1}	Brechzahl n
Diamant	124	2,42
Eis	229	1,31
Flintglas		
leicht	186	1,61
schwer	171	1,75
Kronglas		
leicht	199	1,51
schwer	186	1,61
Luft	299,711	1,00
Plexiglas	201	1,49
Wasser	225	1,33

Halbwertszeit $T_{1/2}$ und Art der Strahlung einiger Isotope

Isotop	Halbwertszeit $T_{1/2}$	Art der Strahlung
Americium – 241	433 Jahre	α, γ
Cäsium – 137	30 Jahre	β^-, γ
Cobalt – 60	5,3 Jahre	β^-, γ
Iod – 131	8,04 Tage	β^-
Kohlenstoff-14	5760 Jahre	β^-
Krypton-85	10,76 Jahre	β^-
Polonium-218	3,05 Minuten	α
Plutonium-239	24 390 Jahre	α
Radium – 226	1600 Jahre	α
Radon – 220	55,6 Sekunden	α
Technetium – 99	0,21 Millionen Jahre	α
Uran – 238	4,5 Milliarden Jahre	α
Uran – 235	700 Millionen Jahre	α

Mathematik

Mengenlehre

Mengenbeziehungen

Begriff	Beispiele	Gesetze
Mengengleichheit. Eine Menge **A** ist gleich einer Menge **B**, **A = B**, wenn jedes Element von A auch Element von B und jedes Element von B auch Element von A ist.		$A = A$ $A = B \Rightarrow B = A$ $A = B \wedge B = C \Rightarrow A = C$
Teilmenge. Eine Menge **A** ist echte Teilmenge von **B, A $\subset$ B**, wenn jedes Element von A auch Element von B ist und es in B mindestens ein Element gibt, welches nicht zu A gehört. Eine Menge **C** ist (unechte) **Teilmenge von D, C $\subseteq$ D**, wenn jedes Element von C auch Element von D ist.		$A \subseteq A$ $A \not\subset A$ $A \subseteq B \wedge B \subseteq A \Rightarrow A = B$ $A \subseteq B \wedge B \subseteq C \Rightarrow A \subseteq C$
Die **Potenzmenge P(A)** ist die Menge aller Teilmengen von A.	$A = \{a; b\} \Rightarrow$ $P(A) = \{\emptyset; \{a\}; \{b\}; \{a; b\}\}$	
Äquivalente Mengen. Eine Menge A ist **äquivalent** (gleichmächtig) zu einer Menge B, **A ~ B**, wenn eine eineindeutige Abbildung der einen auf die andere Menge existiert.	$A = \{1; x; y\}$ $B = \{t; 3; y\} \Rightarrow A \sim B$ $\mathbb{N} \sim \mathbb{Z} \quad \mathbb{N} \sim \mathbb{Q} \quad \mathbb{N} \not\sim \mathbb{R}$	$A \sim B \wedge B \sim C \Rightarrow A \sim C$
Ist A Teilmenge von B, so ist die **Komplementärmenge $\bar{A}$** von A bezüglich B diejenige Teilmenge von B, die alle Elemente enthält, welche nicht zu A gehören.		$\overline{A \cup B} = \bar{A} \cap \bar{B}$ $\overline{A \cap B} = \bar{A} \cup \bar{B}$ MORGANsche Gesetze

Mengenverknüpfungen (Mengenoperationen)

Die **Vereinigungsmenge A $\cup$ B** (A vereinigt mit B) ist die Menge aller Elemente, die zu A oder zu B oder zu beiden Mengen gehören. $A \cup B = \{x \mid x \in A \vee x \in B\}$	
Die **Schnittmenge A $\cap$ B** (A geschnitten mit B) ist die Menge aller Elemente, die zu A und gleichzeitig zu B gehören. $A \cap B = \{x \mid x \in A \wedge x \in B\}$	
Die **Differenzmenge A\B** (A ohne B, A Differenz B) ist die Menge aller Elemente, die zu A, aber nicht zu B gehören. $A \backslash B = \{x \mid x \in A \wedge x \notin B\}$	
Die **Produktmenge A $\times$ B** (A kreuz B) ist die Menge aller Paare, deren erstes Glied zu A und deren zweites Glied zu B gehört. $A \times B = \{(x; y) \mid x \in A \wedge y \in B\}$	Beispiel: $A = \{a; b; c\}$ $B = \{u; v\}$ $A \times B = \{(a; u); (a; v); (b; u); (b; v); (c; u); (c; v)\}$

Rechenregeln für Mengen (Gesetze)

$A \cup A = A$	$A \cap A = A$	$A \cup \emptyset = A$	$A \backslash B = A \backslash (A \cap B) = (A \cup B) \backslash B$
$A \cup B = B \cup A$	$A \cap B = B \cap A$	$A \cap \emptyset = \emptyset$	$A \backslash (B \cap C) = (A \backslash B) \cup (A \backslash C)$
$(A \cup B) \cup C = A \cup (B \cup C)$	$(A \cap B) \cap C = A \cap (B \cap C)$	$A \backslash A = \emptyset$	$A \backslash (B \cup C) = (A \backslash B) \cap (A \backslash C)$
$A \cup (B \cap C) = (A \cup B) \cap (A \cup C)$	$A \cap (B \cup C) = (A \cap B) \cup (A \cap C)$	$(A \backslash B) \cap B = \emptyset$	$A \cup B = (A \backslash B) \cup (B \backslash A) \cup (A \cap B)$
	$A \cap (A \cup B) = A = A \cup (A \cap B)$		

Wenn eine der Beziehungen $A \subseteq B$, $A \cup B = B$, $A \cap B = A$ gilt, dann folgt daraus die Gültigkeit der anderen beiden.

Mathematik

Zahlenmengen

Zahlenmenge	Beschreibung	uneingeschränkt ausführbar
Natürliche Zahlen	$N = \{0; 1; 2; 3; ...\}$ $N^* = N\setminus\{0\}$	Addition, Multiplikation
Ganze Zahlen	$Z = \{...; -3; -2; -1; 0; 1; 2; 3; ...\}$	Addition, Multiplikation, Subtraktion
Gebrochene Zahlen	$Q_+ = \{\frac{p}{q} \mid p, q \in N \text{ und } q \neq 0\}$	Addition, Multiplikation, Division (ausgenommen durch 0)
Rationale Zahlen	$Q = \{\frac{p}{q} \mid p, q \in Z \text{ und } q \neq 0\}$	Addition, Subtraktion, Multiplikation, Division (ausgenommen durch 0)
Reelle Zahlen	$R = Q \cup I$ I Irrationale Zahlen (unendliche nichtperiodische Dezimalbrüche)	Addition, Subtraktion, Multiplikation, Division (ausgenommen durch 0)

$N \subset Z \quad N \subset Q_+ \quad N = Z \cap Q_+ \quad Q_+ \subset Q \quad Z \subset Q \quad Q \subset R \quad I \subset R \quad Q \cap I = \emptyset$

Intervalle (spezielle Teilmengen von R)

abgeschlossenes Intervall von a bis b	$[a, b] = \{x \in R \mid a \leq x \leq b\}$	
offenes Intervall von a bis b	$]a, b[= \{x \in R \mid a < x < b\}$	
rechtsoffenes Intervall von a bis b	$[a, b[= \{x \in R \mid a \leq x < b\}$	
linksoffenes Intervall von $-\infty$ bis a	$]-\infty, a] = \{x \in R \mid x \leq a\}$	

Aussagenlogik

Grundelemente:	zweiwertige Variable für Aussagen:		p, q, r		
	Werte für Aussagen:		w (wahr)/f (falsch), ja/nein, ein/aus, I/0, L/O		
Verknüpfung	Negation	Konjunktion	Disjunktion	Alternative	Implikation	Äquivalenz
Symbol	$\neg p$	$p \wedge q$	$p \vee q$	$p \dot{\vee} q$	$p \Rightarrow q$	$p \Leftrightarrow q$
Bedeutung	nicht p	p und q; sowohl p als auch q	p oder q; einschließendes oder	entweder p oder q; ausschließendes oder	wenn p, dann q	genau dann p, wenn q

Wahrheitswertetafeln (Schaltbelegungstabellen)

p	$\neg p$
wahr	falsch
falsch	wahr

p	q	$p \wedge q$	$p \vee q$	$p \dot{\vee} q$	$p \Rightarrow q$	$p \Leftrightarrow q$
wahr	wahr	wahr	wahr	falsch	wahr	wahr
wahr	falsch	falsch	wahr	wahr	falsch	falsch
falsch	wahr	falsch	wahr	wahr	wahr	falsch
falsch	falsch	falsch	falsch	falsch	wahr	wahr

Rechenregeln

Rechenoperationen

Operation	Ordnung	Verknüpfung	a	b	c
Addition	1.	$a + b = c$	Summand	Summand	Summe
Subtraktion	1.	$a - b = c$	Minuend	Subtrahend	Differenz
Multiplikation	2.	$a \cdot b = c$	Faktor	Faktor	Produkt
Division	2.	$a : b = c; \quad b \neq 0$	Dividend	Divisor	Quotient
Potenzieren	3.	$a^b = c$	Basis	Exponent	Potenz
Radizieren	3.	$\sqrt[b]{a} = c$	Radikand	Wurzelexponent	Wurzel
Logarithmieren	3.	$\log_b a = c$	Numerus	Basis	Logarithmus

Mathematik

Teiler und Vielfache natürlicher Zahlen
$a, b, n \in \mathbb{N}^*$

a heißt **Teiler** von b, wenn es ein $n \in \mathbb{N}^*$ gibt, so daß $a \cdot n = b$ gilt.	b heißt **Vielfaches** von a, wenn a ein Teiler von b ist.
ggT(a, b) ... größter gemeinsamer Teiler von a und b	**kgV(a, b)** ... kleinstes gemeinsames Vielfaches von a und b
Bestimmung des ggT(a, b) mittels Primfaktorenzerlegung: $a = 18 = 2 \cdot 3 \cdot 3$ $b = 60 = 2 \cdot 2 \cdot 3 \cdot 5$ $\Rightarrow$ ggT(18, 60) $= 2 \cdot 3 = 6$	Bestimmung des kgV(a, b) mittels Primfaktorenzerlegung: $a = 18 = 2 \cdot 3 \cdot 3$ $b = 60 = 2 \cdot 2 \cdot 3 \cdot 5$ $\Rightarrow$ kgV(18, 60) $= 2^2 \cdot 3^2 \cdot 5 = 180$
Bestimmung des ggT(a,b) mit Hilfe des Euklidischen Algorithmus: Gesucht: ggT(2862, 504) 2862 : 504 = 5, Rest 342 504 : 342 = 1, Rest 162 342 : 162 = 2, Rest 18 162 : **18** = 9, Rest **0** $\Rightarrow$ ggT(2862, 504) = 18	Bestimmung des kgV(a,b) mit Hilfe des Euklidischen Algorithmus und der folgenden Beziehung: $$\text{kgV}(a, b) = \frac{a \cdot b}{\text{ggT}(a, b)}$$ (Primzahlen S. 4)

Bruchrechnung
$a, b, c, d \in \mathbb{Z}$; Nenner $\neq 0$

$\frac{a}{b}$ heißt **Bruch**, a heißt **Zähler**, b heißt **Nenner**	$\frac{b}{a}$ heißt **Kehrwert** von $\frac{a}{b}$		$\frac{a}{b} \cdot \frac{b}{a} = 1$
Erweitern:	$\frac{a}{b} = \frac{a \cdot c}{b \cdot c}$ $(c \neq 0)$	**Kürzen:**	$\frac{a}{b} = \frac{a : c}{b : c}$ $(c \neq 0$ und $c\vert a$ und $c\vert b)$
Addition und Subtraktion gleichnamiger Brüche:	$\frac{a}{b} \pm \frac{c}{b} = \frac{a \pm c}{b}$	**Umwandeln in Dezimalzahl:**	$\frac{a}{b} = a : b$ $\qquad$ $\frac{6}{5} = 6 : 5 = 1{,}2$
Addition und Subtraktion ungleichnamiger Brüche:	$\frac{a}{b} \pm \frac{c}{d} = \frac{ad \pm bc}{bd}$	oder	(1) gV(b, d) bestimmen (Hauptnenner) (2) beide Brüche auf einen Hauptnenner erweitern (3) wie bei gleichnamigen Brüchen verfahren
Multiplikation:	$\frac{a}{b} \cdot \frac{c}{d} = \frac{a \cdot c}{b \cdot d}$	**Division:**	$\frac{a}{b} : \frac{c}{d} = \frac{a}{b} \cdot \frac{d}{c} = \frac{a \cdot d}{b \cdot c}$

Rechnen mit positiven und negativen Zahlen
$a, b \in \mathbb{R}$; Nenner $\neq 0$

Betrag einer Zahl: $\vert a \vert = \begin{cases} a, \text{ wenn } a \geq 0 \\ -a, \text{ wenn } a < 0 \end{cases}$ Der Betrag einer Zahl entspricht dem Abstand dieser Zahl von 0 auf der Zahlengeraden.	$\vert a \vert = \vert -a \vert \qquad \vert a \vert \geq 0 \qquad \pm a \leq \vert a \vert \qquad \vert a \cdot b \vert = \vert a \vert \cdot \vert b \vert$ $\vert a \vert - \vert b \vert \leq \vert a + b \vert \leq \vert a \vert + \vert b \vert$ (Dreiecksungleichung) $\qquad \left\vert \frac{a}{b} \right\vert = \frac{\vert a \vert}{\vert b \vert}$ $\vert a \vert - \vert b \vert \leq \vert a - b \vert \leq \vert a \vert + \vert b \vert \qquad \vert a_1 + a_2 + \ldots + a_n \vert \leq \vert a_1 \vert + \vert a_2 \vert + \ldots + \vert a_n \vert$
$a - (-b) = a + b$ $a \cdot (-b) = -ab$ $a : (-b) = -\frac{a}{b}$	$-a - b = -(a + b) \qquad\qquad (-a) - (-b) = -a + b$ $(-a) \cdot b = -ab \qquad\qquad\quad (-a) \cdot (-b) = +ab$ $(-a) : b = -\frac{a}{b} \qquad\qquad\quad (-a) : (-b) = +\frac{a}{b}$

Termumformungen
$a, b, c, d \in \mathbb{R}$ bzw. selbst wieder in $\mathbb{R}$ erklärte Terme

$a + b = b + a$	$a \cdot b = b \cdot a$ (Kommutativgesetze)	$a \cdot (b + c) = a \cdot b + a \cdot c$ (Distributivgesetz)
$a + (b + c) = (a + b) + c$	$a \cdot (b \cdot c) = (a \cdot b) \cdot c$ (Assoziativgesetze)	$(a + b) \cdot (c + d) = a \cdot c + a \cdot d + b \cdot c + b \cdot d$
$(a + b)^2 = a^2 + 2ab + b^2$	$(a - b)^2 = a^2 - 2ab + b^2$	$(a + b)(a - b) = a^2 - b^2$ (Binomische Formeln)
$(a \pm b)^3 = a^3 \pm 3a^2 b + 3ab^2 \pm b^3$ (Verallgemeinerung S. 44)		$a^3 - b^3 = (a - b)(a^2 + ab + b^2)$

Mathematik

Potenzen, Wurzeln, Logarithmen

Nenner ≠ 0

Potenzen	Wurzeln	Logarithmen
$a^n = \underbrace{a \cdot a \cdot \ldots \cdot a}_{n \text{ Faktoren } a}$ a … Basis, n … Exponent	$\sqrt[n]{a} = b \Leftrightarrow b^n = a \wedge b > 0$ a … Radikand, n … Wurzelexponent	$\log_a b = c \Leftrightarrow a^c = b$ a … Basis, b … Numerus
$a^0 = 1$ $a^1 = a$ $a \in \mathbb{R}\setminus\{0\}, n \in \mathbb{N}$ $a^{-n} = \dfrac{1}{a^n}$	$\sqrt[2]{a} = \sqrt{a}$ $a \in \mathbb{R}, a \geq 0, n \in \mathbb{N}^*\setminus\{1\}$	$a^{\log_a b} = b$ $a \in \mathbb{R}\setminus\{1\}$, $\log_a 1 = 0$ $a > 0$, $\log_a a = 1$ $b \in \mathbb{R}, b > 0$
Folgende **Potenzgesetze** gelten für alle $m, n \in \mathbb{R}$ bei positiven reellen Basen. Für $m, n \in \mathbb{Z}$ gelten sie bei Basen aus $\mathbb{R}\setminus\{0\}$.	Für Exponenten der Form $\dfrac{1}{n}$ mit $n \in \mathbb{N}^*$ und $n \neq 1$ und nichtnegativen reellen a, b können die Potenzgesetze auch als **Wurzelgesetze** formuliert werden:	**spezielle Basen:** $\log_{10} x = \lg x$ dekadischer Logarithmus (S. 40) $\log_e x = \ln x$ natürlicher Logarithmus (S. 40)
$a^m \cdot a^n = a^{m+n}$ $a^n \cdot b^n = (a \cdot b)^n$	$\sqrt[m]{a} \cdot \sqrt[n]{a} = \sqrt[mn]{a^{m+n}}$ $\sqrt[n]{a} \cdot \sqrt[n]{b} = \sqrt[n]{a \cdot b}$	**Logarithmengesetze:** $\log_a(u \cdot v) = \log_a u + \log_a v$ $u, v \in \mathbb{R}$
$\dfrac{a^m}{a^n} = a^{m-n}$ $\dfrac{a^n}{b^n} = \left(\dfrac{a}{b}\right)^n$	$\dfrac{\sqrt[m]{a}}{\sqrt[n]{a}} = \sqrt[mn]{a^{n-m}}$ $\dfrac{\sqrt[n]{a}}{\sqrt[n]{b}} = \sqrt[n]{\dfrac{a}{b}}$	$\log_a \dfrac{u}{v} = \log_a u - \log_a v$ $u, v > 0$
$(a^m)^n = a^{m \cdot n} = (a^n)^m$	$\sqrt[n]{\sqrt[m]{a}} = \sqrt[mn]{a} = \sqrt[m]{\sqrt[n]{a}}$	$\log_a u^r = r \log_a u$ $r \in \mathbb{R}$ $\log_a \sqrt[n]{u} = \dfrac{1}{n} \log_a u$ $n \in \mathbb{N}$
$\dfrac{1}{a^{-n}} = a^n$ $\left(\dfrac{a}{b}\right)^{-n} = \left(\dfrac{b}{a}\right)^n$	$\sqrt[n]{a^m} = \left(\sqrt[n]{a}\right)^m$ $\sqrt[n]{a^m} = \sqrt[nk]{a^{mk}}$	**Basiswechsel:** $\log_a b = \dfrac{1}{\log_b a}$ $\log_c b = \dfrac{\log_a b}{\log_a c}$
Für alle $n \in \mathbb{N}, n \geq 2$ und $a \in \mathbb{R}, a > 0$ gilt:		$\lg x = M \ln x$ $M = \lg e = 0{,}43429\ldots$
$a^{\frac{1}{n}} = \sqrt[n]{a}$ $a^{-\frac{1}{n}} = \dfrac{1}{\sqrt[n]{a}}$ $a^{\frac{m}{n}} = \sqrt[n]{a^m}$ $a^{-\frac{m}{n}} = \dfrac{1}{\sqrt[n]{a^m}}$		$\ln x = \dfrac{\lg x}{M}$ $\dfrac{1}{M} = \ln 10 = 2{,}30258\ldots$

Proportionen und Mittelwerte

$a, b, c, d, k, a_i \in \mathbb{R}; k \neq 0$; Nenner $\neq 0$

Sachverhalt	Proportion	Verhältnisgleichung	Proportionalitätsfaktor k
$\begin{array}{c|c} a & c \\ \hline b & d \end{array}$ ↓↓	je mehr, desto mehr, direkt	$\dfrac{a}{b} = \dfrac{c}{d} \Rightarrow a \cdot d = b \cdot c$	$\dfrac{a}{b} = \dfrac{c}{d} \Rightarrow \begin{cases} a = k \cdot c \\ b = k \cdot d \end{cases}$ $k = \dfrac{a}{c}$
$\begin{array}{c|c} a & c \\ \hline b & d \end{array}$ ↓↑	je mehr, desto weniger, umgekehrt	$\dfrac{a}{b} = \dfrac{d}{c} \Rightarrow a \cdot c = b \cdot d$	$\dfrac{a}{b} = \dfrac{d}{c} \Rightarrow \begin{cases} a = k \cdot \dfrac{1}{c} \\ b = k \cdot \dfrac{1}{d} \end{cases}$ $k = a \cdot c$

Mittelwerte	Proportion und Formel	allgemeine Formel	Zusammenhänge
arithmetisches Mittel (S. 46)	$\dfrac{a - \bar{x}}{\bar{x} - b} = \dfrac{1}{1} \Rightarrow \bar{x} = \dfrac{a+b}{2}$	$\bar{x} = \dfrac{a_1 + a_2 + \ldots + a_n}{n}$	$(a_i)_{\text{Max}} \geq \bar{x} \geq g \geq h \geq (a_i)_{\text{Min}}$
geometrisches Mittel (Mittlere Proportionale)	$\dfrac{a}{g} = \dfrac{g}{b} \Rightarrow g = \sqrt{ab}$ $a, b > 0$	$g = \sqrt[n]{a_1 \cdot a_2 \cdot \ldots \cdot a_n}$ $a_i > 0$	für $a_i \geq 0$ nach CAUCHY
harmonisches Mittel	$\dfrac{a - h}{h - b} = \dfrac{a}{b} \Rightarrow h = \dfrac{2ab}{a+b}$	$h = \dfrac{n}{\dfrac{1}{a_1} + \dfrac{1}{a_2} + \ldots + \dfrac{1}{a_n}}$	$g = \sqrt{h \cdot \bar{x}}$ für 2 Werte a, b
Goldener Schnitt (S.41)	$\dfrac{a}{x} = \dfrac{x}{a-x} \Rightarrow x \approx 0{,}6180 \cdot a$ $a > 0$	$\underbrace{\overbrace{x \quad a-x}^{}}_{a}$	Strecke, die im Goldenen Schnitt geteilt wurde

Mathematik

Kaufmännisches Rechnen

Währungsrechnen

Nenner ≠ 0

Größen:	AW ... Auslandswährung DM ... DM-Betrag	Kurs ...	Umrechnungsverhältnis zwischen Devisen (bezogen auf 100 ausländische Währungseinheiten) *Ausnahmen:* Lit ... Italienische Lira (bezogen auf 1000) $ ..... Dollar (bezogen auf 1) £ ..... Pfund Sterling (bezogen auf 1)

$$\frac{DM}{AW} = \frac{Kurs}{100} \qquad \frac{DM}{AW(\$,£)} = Kurs$$
$$\frac{DM}{AW(Lit)} = \frac{Kurs}{1000}$$

Wieviel Französische Franc erhält man für 130,00 DM? (Kurs 29,83, d. h. 29,83 DM pro 100 FF)

$$AW = \frac{DM \cdot 100}{Kurs} = \frac{130,00 \cdot 100}{29,83} \; FF = 435,80 \; FF$$

Dreisatz

	direkte Proportionalität	umgekehrte Proportionalität
Verfahren, durch das mit drei gegebenen Größen eine vierte errechnet wird	Wieviel bezahlt man für 750 g Tee, wenn 400 g 12,00 DM kosten?	5 Kühe kommen mit einer bestimmten Futtermenge 16 Tage aus. Wieviel Tage reicht das Futter für 8 Kühe?
(1) Schluß vom Wert der bekannten Mehrheit	400 g ≙ 12,00 DM	5 Kühe ≙ 16 Tage
(2) auf den Wert für eine Mengeneinheit	1 g ≙ $\frac{12,00 \; DM}{400}$ = 0,03 DM	1 Kuh ≙ 16 Tage · 5 = 80 Tage
(3) von dieser Einheit auf die gesuchte Mehrheit	750 g ≙ 0,03 DM · 750 = 22,50 DM	8 Kühe ≙ $\frac{80 \; Tage}{8}$ = 10 Tage

Kettensatz

Verfahren, welches bei Preisberechnungen mit ausländischen Währungen und Maßen zur Anwendung gelangt (Aufeinanderfolge von Dreisätzen bei direkter Proportionalität) (1) Entwickeln der Kette: – Die Kette beginnt mit der Frage nach der gesuchten Größe. – Jeder linke Term der folgenden Gleichung hat die gleiche Einheit wie der rechte Term der vorhergehenden Gleichung. – Die Kette ist geschlossen, wenn erste und letzte Einheit übereinstimmen. (2) Ausrechnen der Kette: – Produkt der Zahlen der rechten Terme in den Zähler eines Bruches, Produkt der Zahlen der linken Terme in den Nenner schreiben, und Bruch berechnen	Wieviel DM kosten 50 m Stoff aus den USA, wenn dieser dort zu 8,90 $ das Yard gehandelt wird? (11 m = 12 yds, Kurs 1,474) x DM ≙ 50 m 11 m ≙ 12 yds 1 yd ≙ 8,90 $ 1 $ ≙ 1,474 DM $x = \frac{50 \cdot 12 \cdot 8,90 \cdot 1,474}{11}$ DM = 715,56 DM

Mischungsrechnen

Berechnen des Mischungsverhältnisses von zwei Sorten bei vorgegebenen Preisen

Mischungskreuz-Regel: Die zu mischenden Sorten sind im umgekehrten Verhältnis ihrer Preisdifferenzen zur Mischungssorte zu mischen.

In welchem Verhältnis müssen 2 Sorten Tee zu 16,00 DM/kg bzw. 22,00 DM/kg gemischt werden, damit die Mischsorte 18,00 DM/kg kostet?

P: Preis
M: Menge, Anteil

		Unterschied zu P_G	gekürzt		Anteil	
Sorte 1:	P_1 = 16,00 DM/kg	2,00 DM/kg	1	╲	2 = M_1	allgemein gilt:
Mischung:	P_G = 18,00 DM/kg			╳		$\left|\frac{P_G - P_2}{P_G - P_1}\right| = \frac{M_1}{M_2}$
Sorte 2:	P_2 = 22,00 DM/kg	4,00 DM/kg	2	╱	1 = M_2	
Probe:	$M_1 \cdot P_1 + M_2 \cdot P_2 = (M_1 + M_2) \cdot P_G$		2 · 16,00 + 1 · 22,00 = 3 · 18,00			

Mathematik

Prozentrechnung

G: Grundwert W: Prozentwert
p %: Prozentsatz Prozentsatz: $p\% = \dfrac{p}{100}$ Promillesatz: $p‰ = \dfrac{p}{1000}$ $1\% = 10‰$

Grundgleichung der Prozentrechnung	Vermehrter (verminderter) Grundwert	
$\dfrac{p}{100} = \dfrac{W}{G}$	$\overline{G} = G \cdot \left(\dfrac{100 \pm p}{100}\right)$	nach prozentualem Zuschlag (Abschlag)

Einige „bequeme" Prozentsätze

Prozent-satz	1 %	2 %	$2\tfrac{1}{2}$ %	4 %	5 %	$6\tfrac{1}{4}$ %	$6\tfrac{2}{3}$ %	$12\tfrac{1}{2}$ %	20 %	25 %	$33\tfrac{1}{3}$ %	50 %	$66\tfrac{2}{3}$ %	75 %
Anteil am Grundwert	$\tfrac{1}{100}$	$\tfrac{1}{50}$	$\tfrac{1}{40}$	$\tfrac{1}{25}$	$\tfrac{1}{20}$	$\tfrac{1}{16}$	$\tfrac{1}{15}$	$\tfrac{1}{8}$	$\tfrac{1}{5}$	$\tfrac{1}{4}$	$\tfrac{1}{3}$	$\tfrac{1}{2}$	$\tfrac{2}{3}$	$\tfrac{3}{4}$

Zinsrechnung

K:	Kapital	Z:	Zinsen	R:	Rate, Rente
p %:	Zinssatz des Kapitals	p.a.:	per annum (pro Jahr)	S:	Schuld, Darlehen
#:	Zinszahl (# = 1 % · K · t)	q:	Zinsfaktor ($q = \dfrac{100+p}{100} = 1 + \dfrac{p}{100}$)	D:	Zinsdivisor ($D = \dfrac{360}{p}$)
t:	Anzahl der Tage	m:	Anzahl der Monate	n:	Anzahl der Jahre

1 Jahr ≙ 360 Tage, 1 Monat ≙ 30 Tage im deutschen Bankwesen

Jahreszinsen	Monatszinsen	Tageszinsen (Diskont)
$Z = \dfrac{K \cdot p}{100}$ $Z_n = \dfrac{K \cdot p \cdot n}{100}$	$Z_m = \dfrac{K \cdot p \cdot m}{100 \cdot 12}$	$Z_t = \dfrac{K \cdot p \cdot t}{100 \cdot 360} = \dfrac{\#}{D}$

Rendite (effektive Jahresverzinsung)	Zinseszinsen (Endwert K_n des Anfangskapitals K_0 nach n Jahren)	
$p = \dfrac{Z \cdot 100}{K}$	$K_n = K_0 \cdot q^n = K_0 \cdot \left(\dfrac{100+p}{100}\right)^n$	$n = \dfrac{\lg K_n - \lg K_0}{\lg q}$

Einige Zinsdivisoren (sinnvoll zur Berechnung von Tageszinsen und des Diskonts beim Diskontieren)

Zinssatz	2 %	$2\tfrac{1}{2}$ %	$2\tfrac{2}{3}$ %	3 %	$3\tfrac{1}{3}$ %	$3\tfrac{3}{4}$ %	4 %	$4\tfrac{1}{2}$ %	5 %	6 %	$6\tfrac{2}{3}$ %	$7\tfrac{1}{2}$ %	8 %	9 %	10 %
Zinsdivisor	180	144	135	120	108	96	90	80	72	60	54	48	45	40	36

Rentenformeln, Schuldentilgungsformeln

Zahlungsendwert (nachschüssig)	Wird am Jahresende regelmäßig ein Betrag R eingezahlt und mit p % p.a. verzinst, so beträgt das Kapital nach n Jahren:	$K_n = \dfrac{R(q^n - 1)}{q - 1}$
Zahlungsendwert (vorschüssig)	Wird am Jahresanfang regelmäßig ein Betrag R eingezahlt und mit p % p.a. verzinst, so beträgt das Kapital nach n Jahren:	$K_n = \dfrac{Rq(q^n - 1)}{q - 1}$
Vermehrung (Verminderung) eines Kapitals durch Raten (nachschüssig)	Wird ein vorhandener Betrag K_0 durch die Zahlung eines festen Betrages R jeweils am Jahresende vermehrt (durch Abhebung von R vermindert), so beträgt bei p % p.a. Zinsen das Kapital nach n Jahren:	$K_n = K_0 \cdot q^n \genfrac{}{}{0pt}{}{+}{(-)} \dfrac{R(q^n - 1)}{q - 1}$
Vermehrung (Verminderung) eines Kapitals durch Raten (vorschüssig)	Wird ein vorhandener Betrag K_0 durch die Zahlung eines festen Betrages R jeweils am Jahresanfang vermehrt (durch Abhebung von R vermindert), so beträgt bei p % p.a. Zinsen das Kapital nach n Jahren:	$K_n = K_0 \cdot q^n \genfrac{}{}{0pt}{}{+}{(-)} \dfrac{Rq(q^n - 1)}{q - 1}$
Tilgungsrate einer Schuld	Soll eine Schuld S in n Jahren bei einem Zinssatz p % p.a. durch regelmäßige Ratenzahlungen jeweils am Jahresende getilgt werden, so beträgt die Rate R:	$R = \dfrac{Sq^n(q - 1)}{q^n - 1}$

Mathematik

Gleichungslehre

Äquivalenzumformungen von Gleichungen und Ungleichungen

Zwei Gleichungen (Ungleichungen) nennt man bezüglich einer Grundmenge A äquivalent, wenn sie die gleiche Lösungsmenge besitzen.
Es seien T_1 und T_2 Terme, die auf der linken bzw. rechten Seite einer Gleichung (Ungleichung) stehen. Dann gilt:

Art der Umformung	$T_1 = T_2$	$T_1 < T_2$	Bemerkungen
Addition oder Subtraktion gleicher Terme T auf beiden Seiten der Gleichung (Ungleichung)	$T_1 \pm T = T_2 \pm T$	$T_1 \pm T < T_2 \pm T$	Das Relationszeichen bleibt gleich.
Multiplikation oder Division beider Seiten der Gleichung (Ungleichung) mit einem Term $T > 0$	$T_1 \cdot T = T_2 \cdot T$ $T_1 : T = T_2 : T$	$T_1 \cdot T < T_2 \cdot T$ $T_1 : T < T_2 : T$	Das Relationszeichen bleibt gleich.
Multiplikation oder Division beider Seiten der Gleichung (Ungleichung) mit einem Term $T < 0$	$T_1 \cdot T = T_2 \cdot T$ $T_1 : T = T_2 : T$	$T_1 \cdot T > T_2 \cdot T$ $T_1 : T > T_2 : T$	Das Relationszeichen < muß durch > ersetzt werden.

Lineare Gleichungen

$a, b \in \mathbb{R}; a \neq 0; a, b$ konstant

Lösen der Gleichung	z. B. durch Anwenden der Umformungsregeln vereinfachen
Normalform	$ax + b = 0$ (a, b Koeffizienten)
Lösung x	$x = -\dfrac{b}{a}$

Lineare Gleichungssysteme aus zwei Gleichungen mit zwei Variablen

Nenner $\neq 0$

Normalform	I $a_1x + b_1y = c_1$ II $a_2x + b_2y = c_2$	$a_1, b_1, c_1, a_2, b_2, c_2 \in \mathbb{R}$ $a_1, b_1, c_1, a_2, b_2, c_2$ konstant
Lösungsformeln	$x = \dfrac{c_1b_2 - c_2b_1}{a_1b_2 - a_2b_1}$	$y = \dfrac{a_1c_2 - a_2c_1}{a_1b_2 - a_2b_1}$

Lösungsverfahren	Beschreibung
Einsetzungsverfahren	Man löst eine der Gleichungen (z. B. I) nach einer der Variablen (z. B. x) auf und setzt den erhaltenen Term für x in die andere Gleichung (II) ein. Die erhaltene lineare Gleichung mit der Variablen y wird gelöst. Der Wert für y wird in die Gleichung I eingesetzt und daraus x berechnet.
Gleichsetzungsverfahren	Man löst beide Gleichungen nach derselben Variablen auf, setzt die so erhaltenen Terme gleich und erhält damit eine Gleichung mit einer Variablen.
Additionsverfahren	Durch äquivalentes Umformen wird erreicht, daß die Koeffizienten einer Variablen in beiden Gleichungen übereinstimmen. Durch Addition bzw. Subtraktion der Gleichungen erhält man eine Gleichung mit einer Variablen.

Mathematik

graphisches Lösungsverfahren	Jede der beiden Gleichungen wird als analytischer Ausdruck einer linearen Funktion aufgefaßt. Man zeichnet deren Bilder in ein Koordinatensystem und ermittelt den Schnittpunkt. (S. 35) Dessen Koordinaten sind die Lösung des Gleichungssystems. Existiert kein Schnittpunkt (verlaufen die Geraden also parallel), hat das System keine Lösung. Fallen die Geraden zusammen, dann existieren unendlich viele Lösungen.

Quadratische Gleichungen $a, b, c, p, q \in R; a, b, c, p, q$ konstant; $a \neq 0$

	Allgemeine Form	Normalform
Gleichung	$ax^2 + bx + c = 0$	$x^2 + px + q = 0$
Lösungen	$x_{1,2} = \dfrac{-b \pm \sqrt{b^2 - 4ac}}{2a}$	$x_{1,2} = -\dfrac{p}{2} \pm \sqrt{\left(\dfrac{p}{2}\right)^2 - q}$
Diskriminante	$D = b^2 - 4ac$	$D = \dfrac{p^2}{4} - q = \left(\dfrac{p}{2}\right)^2 - q$
Lösungsfälle in R	\multicolumn{2}{c}{$D > 0 \Rightarrow L = \{x_1; x_2\}$ $D = 0 \Rightarrow L = \{x_1\} = \{x_2\}$ $D < 0 \Rightarrow L = \emptyset$}
Zerlegung in Linearfaktoren	$ax^2 + bx + c = a(x - x_1)(x - x_2) = 0$	$x^2 + px + q = (x - x_1)(x - x_2) = 0$
VIETAscher Wurzelsatz	$x_1 + x_2 = -\dfrac{b}{a}$ $\quad x_1 \cdot x_2 = \dfrac{c}{a}$	$x_1 + x_2 = -p$ $\quad x_1 \cdot x_2 = q$

Algebraische Gleichungen n-ten Grades $a_i \in R; n \in N^*; x_i \in R$

Normierte Form	$P_n(x) = x^n + a_{n-1}x^{n-1} + a_{n-2}x^{n-2} + ... + a_2x^2 + a_1x^1 + a_0 = 0$ $P_n(x)$ Polynom
Lösungen (Nullstellen)	$x_1, x_2, x_3, ..., x_n$
Lösungsverfahren	Ist x_1 eine durch Probieren gefundene Nullstelle des Polynoms $P_n(x)$, so kann $P_n(x)$ mittels **Polynomdivision** ohne Rest durch $(x - x_1)$ geteilt werden. Man erhält dadurch eine Gleichung (ein Polynom) $(n-1)$-ten Grades, und es gilt $P_n(x) = (x - x_1)P_{n-1}(x)$. Das Verfahren kann gegebenenfalls fortgesetzt werden.
Anwendung	Gleichung 3. Grades: $x^3 - 3x^2 - 4x + 12 = 0$ Erste Lösung: $x_1 = 3$ $(x^3 - 3x^2 - 4x + 12) : (x - 3) = x^2 - 4$ $-(x^3 - 3x^2)$ $\overline{ 0 - 4x + 12}$ $-(-4x + 12)$ $x^2 - 4 = (x-2)(x+2) \Rightarrow \begin{array}{l} x_2 = 2 \\ x_3 = -2 \end{array}$ $\overline{ 0}$ $L = \{-2; 2; 3\}$

Mathematik

Weitere Gleichungstypen

Bruchgleichungen	
Gleichung	Bruchgleichungen sind Gleichungen, in denen die Variable im Nenner eines Bruches vorkommt.
Lösen	durch äquivalentes Umformen
Anwendung	$\frac{a}{x} = \frac{b}{c}$ $\quad\quad$ $a, b, c \in R; b, c \neq 0$ $bx = ac \quad\quad \Rightarrow \quad\quad x = \frac{ac}{b}$
Wurzelgleichungen	
Gleichung	Wurzelgleichungen sind Gleichungen, in denen die Variable als Teil eines Radikanden auftritt.
Lösen	durch Quadrieren und Umformen
Anwendung	$x - 1 = \sqrt{5 - 2x} \quad\quad -\infty < x \leq 2{,}5$ Durch Quadrieren beider Seiten der Gleichung erhält man: $x^2 - 2x + 1 = 5 - 2x \Rightarrow x_1 = 2 \text{ und } x_2 = -2$ Da Quadrieren keine äquivalente Umformung ist, muß stets die Probe durchgeführt werden, um Scheinlösungen auszuschließen. Probe: | | linke Seite | rechte Seite | | $x = 2$ | 1 | $\sqrt{5-4} = 1$ | | $x = -2$ | -3 | $\sqrt{5+4} = 3$ | (Widerspruch: $-3 \neq 3$) $\Rightarrow L = \{2\}$
Goniometrische Gleichungen ($x \in R; k \in N$)	
Gleichung	Goniometrische Gleichungen sind Gleichungen, in denen die Variablen als Argumente in trigonometrischen Funtionen auftreten.
Lösen	mit Hilfe des Taschenrechners bzw. von Zahlentafeln und/oder durch Beziehungen zwischen den Winkelfunktionen (S. 37)
Anwendungen	$\sin x = \frac{1}{2} \quad\Rightarrow\quad x_1 = \frac{\pi}{6} \pm 2k\pi \quad x_2 = \frac{5\pi}{6} \pm 2k\pi$ $\sin x = \cos x \Rightarrow \sin x = \sqrt{1 - \sin^2 x} \Rightarrow 2\sin^2 x = 1 \Rightarrow \sin x = \pm\frac{1}{2}\sqrt{2}$ $\Rightarrow$ nach Probe $\quad x_1 = \frac{\pi}{4} \pm 2k\pi \quad x_2 = \frac{3\pi}{4} \pm 2k\pi$
Exponentialgleichungen ($a, b \in R; a > 0; a \neq 1; b > 0$)	
Gleichung	Exponentialgleichungen sind Gleichungen, in denen die Variable als Exponent einer Potenz auftritt (z. B. $a^x = b$).
Lösung für $a^x = b$	$x = \frac{\lg b}{\lg a}$ oder $x = \frac{\ln b}{\ln a}$ oder $x = \frac{\log_c b}{\log_c a}$ $\quad c > 0, c \neq 1$ $\quad$ (vgl. S. 21)
Logarithmische Gleichungen ($0 < x < \infty; a \in R$)	
Gleichung	$\lg x = a$
Lösen	mit Hilfe des Taschenrechners bzw von Zahlentafeln und/oder durch Nutzung der Potenz- und Logarithmengesetze. (S.21)
Anwendungen	$\lg x = 2{,}5 \quad\Rightarrow\quad x = 316{,}22776$ $\lg x^3 = 6 \quad\Rightarrow\quad x^3 = 10^6 \quad\Rightarrow\quad x = 10^2 = 100$ $\ln x = 5{,}18 \quad\Rightarrow\quad x = e^{5{,}18} \approx 177{,}68$

Mathematik

Planimetrie

Strahlensätze

Strahlenabschnitte auf einem Strahl und **gleichliegende Strahlenabschnitte** auf einem *anderen* Strahl	$\dfrac{\overline{CA}}{\overline{CA'}} = \dfrac{\overline{CB}}{\overline{CB'}}$	Werden **Strahlenbüschel** (s_1; s_2; s_3) von **Parallelen** (p_1; p_2) geschnitten, dann entstehen **Strahlenabschnitte** und **Parallelenabschnitte**.
Gleichliegende Parallelenabschnitte und zugehörige Strahlenabschnitte auf einem *gemeinsamen* Strahl	$\dfrac{\overline{CA}}{\overline{CA'}} = \dfrac{\overline{AB}}{\overline{A'B'}}$	
Parallelenabschnitte auf einer Parallelen und **zugehörige Parallelenabschnitte** auf einer *anderen* Parallelen	$\dfrac{\overline{AB}}{\overline{BD}} = \dfrac{\overline{A'B'}}{\overline{B'D'}}$	

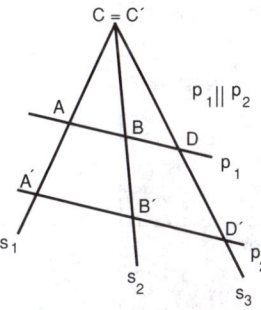

Kongruenzsätze und Ähnlichkeitssätze für Dreiecke

	Dreiecke sind zueinander kongruent bei:	Dreiecke sind zueinander ähnlich bei:
sss	Übereinstimmung in den drei Seiten ($a' = a$; $b' = b$; $c' = c$)	Übereinstimmung der Längenverhältnisse aller einander entsprechenden Seiten ($a' : a = k$; $b' : b = k$; $c' : c = k$) k: Ähnlichkeitsfaktor
sws	Übereinstimmung in zwei Seiten und dem eingeschlossenen Winkel ($a' = a$; $b' = b$; $\gamma' = \gamma$)	Übereinstimmung der Längenverhältnisse zweier Seiten und des eingeschlossenen Winkels ($a' : a = k$; $b' : b = k$; $\gamma' = \gamma$)
wsw	Übereinstimmung in einer Seite und den anliegenden Winkeln ($a' = a$; $\beta' = \beta$; $\gamma' = \gamma$)	Übereinstimmung in zwei Winkeln ($\beta' = \beta$; $\gamma' = \gamma$) (Hauptähnlichkeitssatz)
SsW	Übereinstimmung in zwei Seiten und dem der größeren Seite gegenüberliegenden Winkel ($a' = a$; $b' = b$; $\beta' = \beta$; $b > a$)	Übereinstimmung der Verhältnisse zweier Seiten und des der größeren Seite gegenüberliegenden Winkels ($a' : a = k$; $b' : b = k$; $\beta' = \beta$; $b > a$)
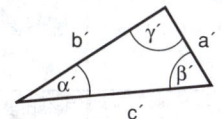		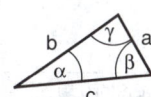
	Die Kongruenz ist ein Spezialfall der Ähnlichkeit.	
Flächeninhalte kongruenter Dreiecke sind gleich.		Flächeninhalte ähnlicher Dreiecke verhalten sich zueinander wie die Quadrate einander entsprechender Seiten. $\dfrac{A'}{A} = \dfrac{a'^2}{a^2} = \dfrac{b'^2}{b^2} = \dfrac{c'^2}{c^2} = k^2$

Mathematik

Winkel

Begriff	Veranschaulichung	Zusammenhänge
Nebenwinkel (α, α')		$\alpha + \alpha' = 180°$
Scheitelwinkel (β, β')		$\beta = \beta'$
Stufenwinkel (α, β)		$\alpha = \beta \Leftrightarrow g \parallel h$
Wechselwinkel (γ, δ)		$\gamma = \delta \Leftrightarrow g \parallel h$
Innenwinkel im Dreieck (α, β, γ)		$\alpha + \beta + \gamma = 180°$
Außenwinkel am Dreieck (α', β', γ')		$\alpha + \gamma = \beta'$ $\alpha + \beta = \gamma'$ $\beta + \gamma = \alpha'$ $\alpha' + \beta' + \gamma' = 360°$

Begriff	Zusammenhänge	Beispiel
Innenwinkel im Viereck ($\alpha, \beta, \gamma, \delta$)	$\alpha + \beta + \gamma + \delta = 360°$	

Begriff	Erklärung	Beispiel aus obiger Skizze
spitzer Winkel α	$\alpha < 90°$	β
rechter Winkel α	$\alpha = 90°$	α, γ (nach THALES, S. 31)
stumpfer Winkel α	$90° < \alpha < 180°$	δ
gestreckter Winkel α	$\alpha = 180°$	$\varepsilon_1 + \varepsilon_2$
Vollwinkel α	$\alpha = 360°$	$\varepsilon_1 + \varepsilon_2 + \varepsilon_3 + \varepsilon_4$
Komplementwinkel α und β	$\alpha + \beta = 90°$	γ_1 und γ_2
Supplementwinkel α und β	$\alpha + \beta = 180°$	ε_3 und ε_4, ε_1 und ε_4

Mathematik

Dreiecke

Begriff	Veranschaulichung	Zusammenhänge
Höhen (h_a, h_b, h_c) **Seitenhalbierende** (s_a, s_b, s_c)		Die Höhen schneiden einander im **Höhenschnittpunkt H.** $\dfrac{h_a}{h_b} = \dfrac{b}{a}$ Der **Schwerpunkt S** teilt jede Seitenhalbierende im Verhältnis 2 : 1. $s_a = \dfrac{1}{2}\sqrt{2\,(b^2 + c^2) - a^2}$
Mittelsenkrechte (m_a, m_b, m_c) **Winkelhalbierende** (w_α, w_β, w_γ)		Die Mittelsenkrechten schneiden einander im **Umkreismittelpunkt U.** Die Winkelhalbierenden schneiden einander im **Inkreismittelpunkt.**
Allgemeines Dreieck (S. 38)	Der kleinsten Seite liegt der kleinste Winkel gegenüber.	$a + b > c,\ b + c > a,\ a + c > b$ (Dreiecksungleichungen) $|a-b| < c,\ |b-c| < a,\ |a-c| < b$ $u = a + b + c$ $A = \dfrac{1}{2}gh = \dfrac{abc}{4r}$ r Umkreisradius $A = \sqrt{s(s-a)(s-b)(s-c)}$ $s = \dfrac{u}{2}$ (HERONische Formel)
Rechtwinkliges Dreieck (S. 37)	Katheten a, b Hypotenuse c Hypotenusenabschnitte p, q	Satz des PYTHAGORAS: $c^2 = a^2 + b^2$ Höhensatz: $h^2 = pq$ Kathetensatz: $a^2 = cp$ $b^2 = cq$ $u = a + b + c$ $A = \dfrac{1}{2}ab = \dfrac{1}{2}ch$
Gleichseitiges Dreieck		$\alpha = 60°$ $h = \dfrac{a}{2}\sqrt{3}$ $u = 3a$ $A = \dfrac{a^2}{4}\sqrt{3}$ Alle Höhen, Seitenhalbierenden und Winkelhalbierenden sind gleich lang. Inkreis und Umkreis haben einen gemeinsamen Mittelpunkt.

Ma3

Mathematik

Vierecke

Begriff	Veranschaulichung	Zusammenhänge
Rechteck Diagonalen e, f		$e = f = \sqrt{a^2 + b^2}$ $u = 2(a+b)$ $A = ab$
Die Diagonalen sind gleich lang und halbieren einander.		Alle Innenwinkel sind gleich groß (90°). Gegenüberliegende Seiten sind parallel und gleich lang.
Quadrat		$e = f = a\sqrt{2}$ $u = 4a$ $A = a^2 = \frac{1}{2}e^2$
Die Diagonalen stehen senkrecht aufeinander, sind gleich lang und halbieren einander.		Alle Innenwinkel sind gleich groß (90°). Alle Seiten sind gleich lang.
Rhombus (Raute)		$e^2 = 4a^2 - f^2$ $u = 4a$ $A = \frac{1}{2}ef = a^2 \sin\alpha$
Die Diagonalen stehen senkrecht aufeinander und halbieren einander.		Alle Seiten sind gleich lang. Gegenüberliegende Seiten sind parallel.
Trapez Mittelparallele m		$m = \frac{1}{2}(a+c)$ $u = a+b+c+d$ $A = \frac{1}{2}(a+c)h \qquad A = mh$
	Mindestens zwei Seiten sind parallel.	
Parallelogramm (Rhomboid)		$2(a^2 + b^2) = e^2 + f^2 \qquad \alpha + \beta = 180°$ $u = 2(a+b)$ $A = ah_a = ab\sin\alpha$
Die Diagonalen halbieren einander.		Gegenüberliegende Winkel sind gleich groß. Gegenüberliegende Seiten sind parallel und gleich lang.
Drachenviereck		$u = 2(a+c)$ $A = \frac{1}{2}ef$
Die Diagonalen stehen senkrecht aufeinander.		Mindestens zwei gegenüberliegende Winkel sind gleich groß.
Sehnenviereck		$\alpha + \gamma = \beta + \delta = 180°$ $u = a+b+c+d \qquad s = \frac{u}{2}$ $ac + bd = ef$ (Satz des PTOLEMÄUS) $A = \sqrt{(s-a)(s-b)(s-c)(s-d)}$
Alle Eckpunkte liegen auf einem Kreis.		Die Summe gegenüberliegender Winkel ist 180°.

Mathematik

Kreis

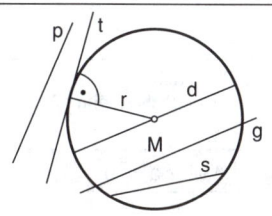

p Passante t Tangente r Radius d Durchmesser g Sekante s Sehne	b Kreisbogen α Sehnentangentenwinkel β Zentriwinkel (Mittelpunktswinkel) γ, γ′ Peripheriewinkel über dem Bogen b	b Halbkreis 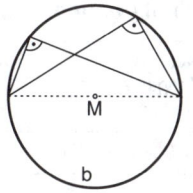
Tangente und Berührungsradius stehen senkrecht aufeinander.	$\beta = 2\alpha$ $\beta = 2\gamma$ $\gamma = \gamma'$ $\alpha = \gamma$	Peripheriewinkel über einem Halbkreis sind rechte Winkel. (Satz des THALES)
$u = 2\pi r = \pi d$	$\pi \approx 3{,}14159\ldots \approx 3{,}14$ (LUDOLFsche Zahl) (S. 11)	$A = \pi r^2 = \frac{1}{4}\pi d^2$

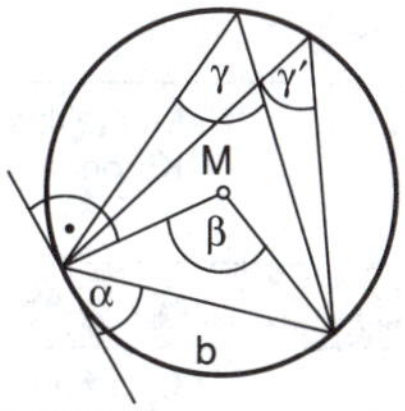

Kreisbogen b **Kreisausschnitt (Kreissektor)** A_α	**Kreisring** Ringbreite a Innerer Radius r_1 Äußerer Radius r_2	**Kreisabschnitt (Kreissegment)** Abschnittshöhe h Sehne s
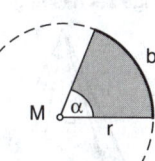	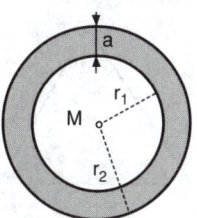	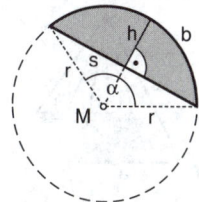
$\frac{b}{u} = \frac{\alpha}{360°}$ $b = r \text{ arc } \alpha$ $\frac{A_\alpha}{A} = \frac{\alpha}{360°}$ $A_\alpha = \frac{1}{2} br$ $A_\alpha = \frac{\pi\alpha}{360°} r^2$	$a = r_2 - r_1$ $u = 2\pi(r_1 + r_2)$ $A = \pi(r_2^2 - r_1^2)$	$s = 2r \sin \frac{\alpha}{2}$ $h = 2r \sin^2 \frac{\alpha}{4}$ (für h < r) $A = \frac{1}{2}[r(b-s) + sh]$ $A = \frac{r^2}{2}\left(\frac{\pi\alpha}{180°} - \sin \alpha\right)$

Regelmäßige Vielecke (n-Ecke)

Jedes n-Eck, dessen Seiten gleich lang und dessen Innenwinkel gleich groß sind, heißt regelmäßig. Anzahl der Ecken n Umkreisradius r_2 Inkreisradius r_1	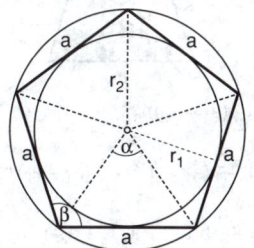	$\alpha = \frac{360°}{n}$ $u = na$ $A = \frac{n}{2} ar_1$ $A = \frac{n}{2} r_2^2 \sin \alpha$

Mathematik

Stereometrie

Körper mit ebenen Begrenzungsflächen

Grundfläche A_G Kantenlängen a, b, c Seitenkante s	Deckfläche A_D Körperhöhe h Volumen V	Mantelfläche A_M Körperdiagonale e	Oberfläche A_O Seitenflächenhöhe h_s
Prismen	$V = A_G h$	$A_O = 2A_G + A_M$	Es gilt: $A_G = A_D$

Würfel

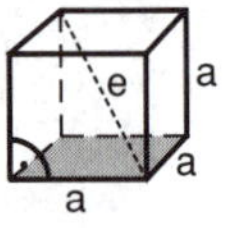

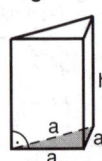

$e = a\sqrt{3}$
$A_M = 4a^2$
$A_O = 6a^2$
$V = a^3$

Quader

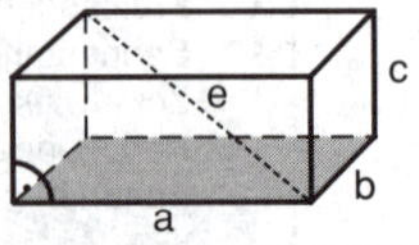

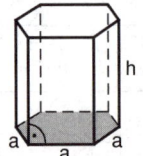

$e = \sqrt{a^2 + b^2 + c^2}$
$A_M = 2(ac + bc)$
$A_O = 2(ab + ac + bc)$
$V = abc$

regelmäßiges dreiseitiges Prisma

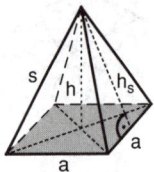

$A_M = 3ah$
$A_O = \frac{a}{2}(a\sqrt{3} + 6h)$
$V = \frac{a^2}{4} h\sqrt{3}$

regelmäßiges sechsseitiges Prisma

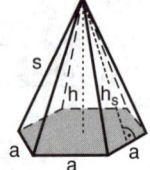

$A_M = 6ah$
$A_O = 3a(a\sqrt{3} + 2h)$
$V = \frac{3a^2}{2} h\sqrt{3}$

| **Pyramiden** | $V = \frac{1}{3} A_G h$ | | $A_O = A_G + A_M$ |

gerade quadratische Pyramide

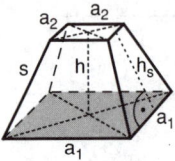

$A_M = 2ah_s$

$A_O = a(a + 2h_s)$

$V = \frac{1}{3} a^2 h$

Tetraeder

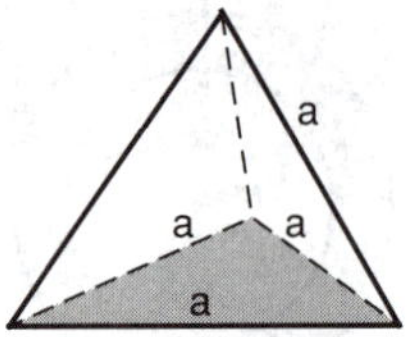

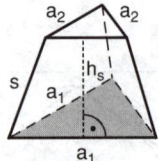

$A_M = \frac{3a^2}{4}\sqrt{3}$

$A_O = a^2\sqrt{3}$

$V = \frac{a^3}{12}\sqrt{2}$

regelmäßige sechsseitige Pyramide

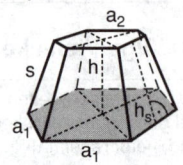

$A_M = 3ah_s$

$A_O = \frac{3}{2} a (a\sqrt{3} + 2h_s)$

$V = \frac{a^2}{2} h\sqrt{3}$

| **Pyramidenstümpfe** | $V = \frac{h}{3}(A_G + \sqrt{A_G A_D} + A_D)$ | | $A_O = A_G + A_D + A_M$ |

quadratischer Pyramidenstumpf

$A_M = 2(a_1 + a_2) h_s$

$A_O = a_1^2 + 2(a_1 + a_2)h_s + a_2^2$

$V = \frac{1}{3} h(a_1^2 + a_1 a_2 + a_2^2)$

regelmäßiger dreiseitiger Pyramidenstumpf

$A_M = \frac{3}{2}(a_1 + a_2) h_s$

$A_O = \frac{\sqrt{3}}{4}(a_1^2 + a_2^2) + \frac{3}{2}(a_1 + a_2) h_s$

$V = \frac{\sqrt{3}}{12} h(a_1^2 + a_1 a_2 + a_2^2)$

regelmäßiger sechsseitiger Pyramidenstumpf

$A_M = 3(a_1 + a_2) h_s$

$A_O = \frac{3\sqrt{3}}{2}(a_1^2 + a_2^2) + 3(a_1 + a_2) h_s$

$V = \frac{\sqrt{3}}{2} h(a_1^2 + a_1 a_2 + a_2^2)$

Mathematik

Körper mit gekrümmten Begrenzungsflächen

Grundfläche A_G Mantellinie s Volumen V	Deckfläche A_D Kreisradien r, r_1, r_2, R, R_1, R_2	Mantelfläche A_M Wanddicke a	Oberfläche A_O Höhe h

Kreiszylinder

$V = A_G h$ — $A_O = 2A_G + A_M$ — Es gilt: $A_G = A_D$

gerader Kreiszylinder

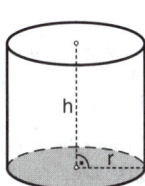

$d = 2r$

$A_M = 2\pi rh = \pi dh$

$A_O = 2\pi r(r + h) = \pi d(\frac{d}{2} + h)$

$V = \pi r^2 h = \frac{\pi}{4} d^2 h$

gerader Hohlzylinder

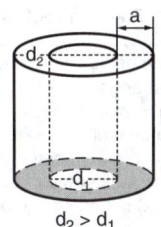

$a = \frac{d_2 - d_1}{2} = r_2 - r_1$

$A_M = \pi h(d_2 + d_1) = 2\pi h(r_2 + r_1)$

$A_O = \frac{\pi}{2}(d_2 + d_1)(2h + d_2 - d_1)$

$ = 2\pi(r_2 + r_1)(h + r_2 - r_1)$

$V = \frac{\pi}{4} h(d_2^2 - d_1^2) = \pi h(r_2^2 - r_1^2)$

$d_2 > d_1$

Kreiskegel

gerader Kreiskegel

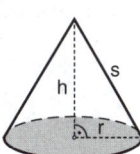

$d = 2r$

$s^2 = r^2 + h^2$

$A_M = \pi rs = \frac{\pi}{2} ds$

$A_O = \pi r(r + s) = \frac{\pi}{4} d(d + 2s)$

$V = \frac{\pi}{3} r^2 h = \frac{\pi}{12} d^2 h$

gerader Kegelstumpf

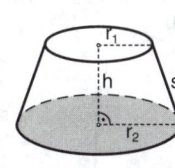

$s^2 = (r_2 - r_1)^2 + h^2$

$A_M = \pi s(r_2 + r_1) = \frac{\pi}{2} s(d_2 + d_1)$

$A_O = \pi[r_2^2 + r_1^2 + s(r_2 + r_1)]$

$ = \frac{\pi}{4}[d_2^2 + d_1^2 + 2s(d_2 + d_1)]$

$V = \frac{\pi}{3} h(r_2^2 + r_2 r_1 + r_1^2)$

$ = \frac{\pi}{12} h(d_2^2 + d_2 d_1 + d_1^2)$

Kugel

Kugel

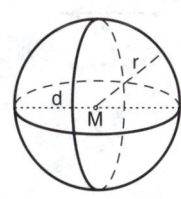

$d = 2r$

$A_O = 4\pi r^2 = \pi d^2$

$V = \frac{4}{3}\pi r^3 = \frac{1}{6}\pi d^3$

Kugelschicht (Kugelzone)

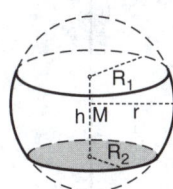

$A_M = 2\pi rh$

$A_O = \pi(R_1^2 + R_2^2 + 2rh)$

$V = \frac{\pi}{6} h(3R_1^2 + 3R_2^2 + h^2)$

Kugelausschnitt (Kugelsektor)

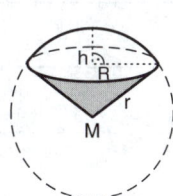

$R = \sqrt{h(2r - h)}$

$A_M = \pi R r$ (Kegelmantel)

$A_O = \pi r(2h + \sqrt{h(2r - h)})$

$V = \frac{2}{3}\pi r^2 h$

Kugelabschnitt (Kugelsegment)

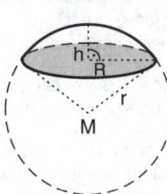

$R = \sqrt{h(2r - h)}$

$A_M = 2\pi rh = \pi(R^2 + h^2)$ (Kugelkappe)

$A_O = \pi R^2 + 2\pi rh = \pi h(4r - h)$

$ = \pi(2R^2 + h^2)$

$V = \frac{\pi}{3} h^2(3r - h) = \frac{\pi}{6} h(3R^2 + h^2)$

Mathematik

Funktionen

Funktionsbegriff; Funktionseigenschaften

Funktion	Abbildung f, die jedem Element x aus einer Menge D eindeutig ein Element y aus einer Menge W zuordnet
D	Definitionsbereich
W	Wertebereich
$y = f(x), y = g(x), \ldots$ $x \to f(x)$	Schreibweisen für die Zuordnungsvorschrift (Kurzsprechweise für „Funktion f mit der Gleichung $y = f(x)$": Funktion $y = f(x)$)
Umkehrfunktion g von f	Abbildung g, die bei umkehrbar eindeutiger Zuordnung jedem Element $f(x) \in W$ wiederum eindeutig das Ausgangselement $x \in D$ zuordnet. Man erhält die Funktionsgleichung von g, indem man $y = f(x)$ nach x auflöst. $y = f(x)$ und $x = g(y)$ haben denselben Graphen. Da es üblich ist, die Elemente aus D mit x und die aus W mit y zu bezeichnen, vertauscht man meist nach dem Auflösen von f(x) nach x noch x mit y und erhält somit $y = g(x)$. Die Graphen von f(x) und g(x) liegen spiegelbildlich zur Geraden $y = x$.
Nullstelle von f	$x_i \in D$ mit $f(x_i) = 0$
Bild/Graph von f	Menge aller Punkte $P(x; f(x))$ mit $x \in D$
$y = g(x) = -f(x)$ $y = h(x) = f(-x)$ $y = k(x) = f(x) + b$ $y = m(x) = a\,f(x)$	Bild von g ist das an der x-Achse gespiegelte Bild von f. (1) Bild von h ist das an der y-Achse gespiegelte Bild von f. (2) Bild von k ist das um b in y-Richtung verschobene Bild von f. (3) Bild von m ist das auf das a-fache in y-Richtung gestreckte (a > 1) bzw. gestauchte (0 < a < 1) Bild von f. (4)
gerade Funktion	$f(x) = f(-x)$ für jedes $x \in D$ (5) Die Graphen liegen symmetrisch zur y-Achse.
ungerade Funktion	$f(-x) = -f(x)$ für jedes $x \in D$ (6) Die Graphen liegen zentralsymmetrisch zum Koordinatenursprung.
periodische Funktion	Es gibt eine Zahl $h > 0$, so daß $f(x) = f(x + h)$ für jedes x gilt. Die kleinste Zahl $h > 0$, für die $f(x) = f(x + h)$ zutrifft, heißt Periode von f.
in]a; b[monoton wachs./fall. Funktion	Für $x_1, x_2 \in\,]a; b[$ und $x_1 < x_2$ gilt stets $f(x_1) < f(x_2)$ bzw. $f(x_1) > f(x_2)$.

Mathematik

Rationale Funktionen

$a_i, b_k \in \mathbb{R}; a_n, b_m \neq 0; m, n \in \mathbb{N}; m \neq 0$

ganzrationale Funktion vom Grade n	$y = f(x) = a_n x^n + a_{n-1} x^{n-1} + \ldots + a_1 x + a_0$
HORNER-Schema zur Berechnung von Werten ganzrationaler Funktionen	Berechnung von $f(x_1)$: $\begin{array}{cccccc} a_n & a_{n-1} & a_{n-2} & \ldots & a_1 & a_0 \\ & + & + & & + & + \\ & a_n \cdot x_1 & b_{n-1} \cdot x_1 & \ldots & b_2 \cdot x_1 & b_1 \cdot x_1 \\ \cdot x_1 \searrow & \downarrow \; \cdot x_1 \searrow & \cdot x_1 \searrow & \cdot x_1 \searrow & \downarrow & \downarrow \\ a_n & b_{n-1} & b_{n-2} & \ldots & b_1 & b_0 = f(x_1) \end{array}$
Sekantennäherungsverfahren zur Bestimmung von Nullstellen (Regula falsi)	Aus zwei Näherungswerten x_1 und x_2 für die gesuchte Nullstelle x_0 von f mit $f(x_1) < 0$ und $f(x_2) > 0$ (oder umgekehrt) bestimmt man einen besseren Näherungswert $x_3 = x_1 - \dfrac{x_2 - x_1}{f(x_2) - f(x_1)} \cdot f(x_1)$. Das Verfahren wird mit x_1 und x_3 (bzw. x_2 und x_3) fortgesetzt.
gebrochenrationale Funktion	$y = f(x) = \dfrac{u(x)}{v(x)} = \dfrac{a_n x^n + a_{n-1} x^{n-1} + \ldots + a_1 x + a_0}{b_m x^m + b_{m-1} x^{m-1} + \ldots + b_1 x + b_0}$
Nullstelle x_0 / Polstelle x_p von y	$y = f(x) = \dfrac{u(x)}{v(x)}$ x_0 ist Nullstelle von $f(x)$ $\Leftrightarrow$ $u(x_0) = 0$ und $v(x_0) \neq 0$ x_p ist Polstelle von $f(x)$ $\Leftrightarrow$ $u(x_p) \neq 0$ und $v(x_p) = 0$

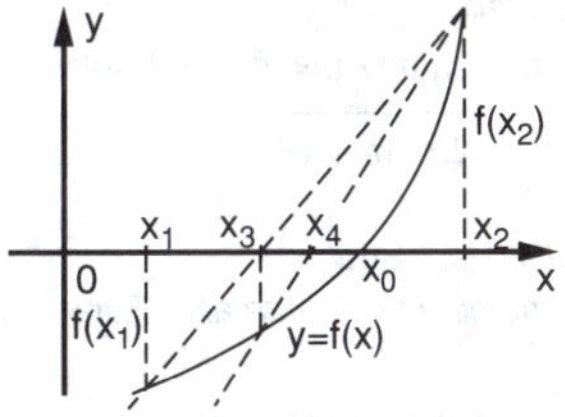

Lineare Funktionen

$m, n \in \mathbb{R}; m \neq 0$

$y = f(x) = mx + n \qquad D = \mathbb{R} \qquad W = \mathbb{R}$

Anstieg: $m = \tan \alpha = \dfrac{f(x_2) - f(x_1)}{x_2 - x_1} = \dfrac{y_2 - y_1}{x_2 - x_1}$

α: Schnittwinkel des Graphen von f mit der x-Achse

steigende Gerade: $m > 0$

fallende Gerade: $m < 0$ Nullstelle: $x_0 = -\dfrac{n}{m}$

Schnittpunkt des Graphen von f mit der y-Achse: $S(0; n)$

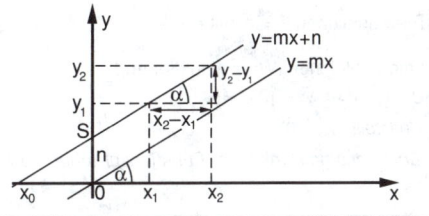

Quadratische Funktionen

$a, b, c, p, q \in \mathbb{R}; a \neq 0$

Allgemeine Form: $y = f(x) = ax^2 + bx + c \qquad D = \mathbb{R}$

$W = \left[\dfrac{4ac - b^2}{4a}, +\infty\right[$ für $a > 0$, $W = \left]-\infty, \dfrac{4ac - b^2}{4a}\right]$ für $a < 0$

Scheitelpunkt des Graphen von f: $S\left(-\dfrac{b}{2a}; \dfrac{4ac - b^2}{4a}\right)$

Normalform: $y = f(x) = x^2 + px + q \qquad D = \mathbb{R} \qquad W = \left[q - \dfrac{p^2}{4}, +\infty\right[$

Nullstellen: $x_{1/2} = -\dfrac{p}{2} \pm \sqrt{\dfrac{p^2}{4} - q}$;

Scheitelpunkt des Graphen von f: $S\left(-\dfrac{p}{2}; -\dfrac{p^2}{4} + q\right)$

Spezialfälle: $y = x^2$ $S(0; 0)$
              $y = (x + d)^2$ $S(-d; 0)$
              $y = (x + d)^2 + e$ $S(-d; e)$

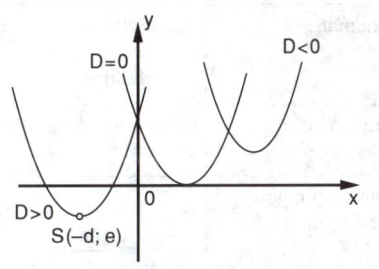

Die Funktion mit der Diskriminante $D = \dfrac{p^2}{4} - q$ besitzt

– zwei verschiedene Nullstellen, falls $D > 0$
– genau eine (Doppel-) Nullstelle, falls $D = 0$
– keine (reelle) Nullstelle, falls $D < 0$ (S. 25)

Mathematik

Potenzfunktionen

$y = f(x) = x^n$ **a)** $n = 2m;\ m \in \mathbb{N}^*$ $D = \mathbb{R},\ W = [0, +\infty[$ *Nullstelle:* $x_0 = 0$ *Gemeinsame Punkte aller Funktionsgraphen:* $(-1; 1),\ (0; 0),\ (1; 1)$ **b)** $n = 2m + 1,\ m \in \mathbb{N}^*$ $D = \mathbb{R},\ W = \mathbb{R}$ *Nullstelle:* $x_0 = 0$ *Gemeinsame Punkte aller Funktionsgraphen:* $(-1; -1),\ (0; 0),\ (1; 1)$	Die Graphen der Funktionen sind Parabeln n-ten Grades. 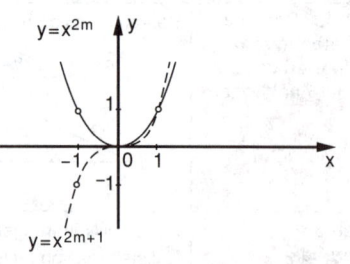
c) $n = -2m,\ m \in \mathbb{N}^*$ $D = \mathbb{R}\setminus\{0\},\ W =]0, +\infty[$ *Nullstelle:* keine *Gemeinsame Punkte aller Funktionsgraphen:* $(-1; 1),\ (1; 1)$ **d)** $n = -(2m - 1),\ m \in \mathbb{N}^*$ $D = \mathbb{R}\setminus\{0\},\ W = \mathbb{R}\setminus\{0\}$ *Nullstelle:* keine *Gemeinsame Punkte aller Funktionsgraphen:* $(-1; -1),\ (1; 1)$	Die Graphen der Funktionen sind Hyperbeln. 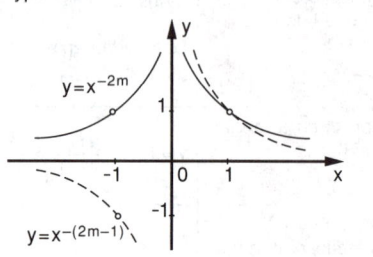

Wurzelfunktionen

Die Funktionen $y = x^n$ mit $n = \dfrac{p}{q}$ ($p, q \in \mathbb{N}^*$, $q \nmid p$) sind nichtrationale Funktionen (Wurzelfunktionen). $D = [0, +\infty[,\ W = [0, +\infty[$ *Nullstelle:* $x_0 = 0$ *Gemeinsame Punkte der Funktionsgraphen:* $(0; 0),\ (1; 1)$	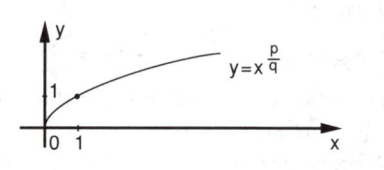

Winkelfunktionen

Winkelmaße

Gradmaß	Größe des Winkels α ($\beta, \gamma, ...$) im Verhältnis zum Vollwinkel **Einheit:** $1°$ (ein Grad); Vollwinkel $360°$; Rechter Winkel $90°$ **Unterteilung:** Dezimal oder Minute ($1° = 60'$) und Sekunde ($1' = 60''$)
Bogenmaß	Größe des (Zentri-)Winkels x ($y, z, ...$) als Verhältnis von Bogenlänge b zu Radius r; $x = \text{arc}\,\alpha$ **Einheit:** 1 rad (ein Radiant); x hat die Größe 1 rad, wenn $b = r$
Umrechnungen Grad/Bogenmaß (S. 8)	$1° = 0{,}01745$ rad $\qquad$ 1 rad $= 57{,}296°$ $\dfrac{\alpha}{\text{arc}\,\alpha} = \dfrac{180°}{\pi} \qquad \alpha = \dfrac{180° \cdot \text{arc}\,\alpha}{\pi} \qquad \text{arc}\,\alpha = \dfrac{\alpha \cdot \pi}{180°}$
Neugrad	Größe des Winkels α ($\beta, \gamma, ...$) im Verhältnis zum Vollwinkel **Einheit:** 1^g (ein Gon); Vollwinkel 400^g; Rechter Winkel 100^g

Mathematik

Definition von Winkelfunktionen

Definition am rechtwinkligen Dreieck	Definition am Kreis mit dem Radius r
$0° < \alpha < 90°$ $\sin \alpha = \dfrac{a}{c} = \dfrac{\text{Gegenkathete}}{\text{Hypotenuse}}$ $\cos \alpha = \dfrac{b}{c} = \dfrac{\text{Ankathete}}{\text{Hypotenuse}}$ $\tan \alpha = \dfrac{a}{b} = \dfrac{\text{Gegenkathete}}{\text{Ankathete}}$ $\cot \alpha = \dfrac{b}{a} = \dfrac{\text{Ankathete}}{\text{Gegenkathete}}$	Der freie Schenkel des Winkels der Größe x schneidet den Kreis im Punkt P (u; v) $\sin x = \dfrac{v}{r}$ $\cos x = \dfrac{u}{r}$ $\tan x = \dfrac{v}{u}$ (für alle $x \neq \dfrac{\pi}{2} + z\pi,\ z \in Z$) $\cot x = \dfrac{u}{v}$ (für alle $x \neq z\pi,\ z \in Z$)

Zusammenhänge zwischen Winkelfunktionen Nenner ≠ 0

Für jeden Winkel α gilt:

$\sin^2 \alpha + \cos^2 \alpha = 1$ $\tan \alpha \cdot \cot \alpha = 1$

$\tan \alpha = \dfrac{\sin \alpha}{\cos \alpha}$ $\cot \alpha = \dfrac{\cos \alpha}{\sin \alpha}$

$1 + \tan^2 \alpha = \dfrac{1}{\cos^2 \alpha}$ $1 + \cot^2 \alpha = \dfrac{1}{\sin^2 \alpha}$

Reduktionsformeln für beliebige Winkel α

	$90° \pm \alpha$	$180° \pm \alpha$	$270° \pm \alpha$	$360° \pm \alpha$	$-\alpha$
sin	$+\cos \alpha$	$\mp \sin \alpha$	$-\cos \alpha$	$\pm \sin \alpha$	$-\sin \alpha$
cos	$\mp \sin \alpha$	$-\cos \alpha$	$\pm \sin \alpha$	$+\cos \alpha$	$+\cos \alpha$
tan	$\mp \cot \alpha$	$\pm \tan \alpha$	$\mp \cot \alpha$	$\pm \tan \alpha$	$-\tan \alpha$
cot	$\mp \tan \alpha$	$\pm \cot \alpha$	$\mp \tan \alpha$	$\pm \cot \alpha$	$-\cot \alpha$

Additionstheoreme:

$\sin(\alpha \pm \beta) = \sin \alpha \cdot \cos \beta \pm \cos \alpha \cdot \sin \beta$ $\cos(\alpha \pm \beta) = \cos \alpha \cdot \cos \beta \mp \sin \alpha \cdot \sin \beta$ $\tan(\alpha \pm \beta) = \dfrac{\tan \alpha \pm \tan \beta}{1 \mp \tan \alpha \cdot \tan \beta}$

Doppel- und Halbwinkelformeln:

$\sin 2\alpha = 2 \sin \alpha \cdot \cos \alpha$

$\sin \dfrac{\alpha}{2} = \sqrt{\dfrac{1 - \cos \alpha}{2}}$

$\cos 2\alpha = \cos^2 \alpha - \sin^2 \alpha = 2\cos^2 \alpha - 1 = 1 - 2\sin^2 \alpha$

$\cos \dfrac{\alpha}{2} = \sqrt{\dfrac{1 + \cos \alpha}{2}}$

Eigenschaften von Winkelfunktionen

Werte von Winkelfunktionen für spezielle Argumente

	0°	30°	45°	60°	90°	120°	135°	150°	180°
	0	$\dfrac{\pi}{6}$	$\dfrac{\pi}{4}$	$\dfrac{\pi}{3}$	$\dfrac{\pi}{2}$	$\dfrac{2\pi}{3}$	$\dfrac{3\pi}{4}$	$\dfrac{5\pi}{6}$	π
$y = \sin x$	0	$\dfrac{1}{2}$	$\dfrac{1}{2}\sqrt{2}$	$\dfrac{1}{2}\sqrt{3}$	1	$\dfrac{1}{2}\sqrt{3}$	$\dfrac{1}{2}\sqrt{2}$	$\dfrac{1}{2}$	0
$y = \cos x$	1	$\dfrac{1}{2}\sqrt{3}$	$\dfrac{1}{2}\sqrt{2}$	$\dfrac{1}{2}$	0	$-\dfrac{1}{2}$	$-\dfrac{1}{2}\sqrt{2}$	$-\dfrac{1}{2}\sqrt{3}$	-1
$y = \tan x$	0	$\dfrac{1}{3}\sqrt{3}$	1	$\sqrt{3}$	–	$-\sqrt{3}$	-1	$-\dfrac{1}{3}\sqrt{3}$	0

Vorzeichen der Werte von Winkelfunktionen für Argumente aus den 4 Quadranten

Quadrant Funktion	I	II	III	IV
$y = \sin x$	+	+	−	−
$y = \cos x$	+	−	−	+
$y = \tan x$	+	−	+	−

Ma5

37

Mathematik

Sinusfunktion $y = \sin x$
$D = \mathbb{R}$ $W = [-1, +1]$
Nullstellen: $x_k = k\pi$, $k \in \mathbb{Z}$
$\sin(x + 2k\pi) = \sin x$ Periode: 2π
Anmerkung: Für die Funktion $y = a \sin bx$ gilt:
    $D = \mathbb{R}$ $W = [-a, +a]$
    Nullstellen: $x_k = \dfrac{k\pi}{b}$ Periode: $\dfrac{2\pi}{b}$

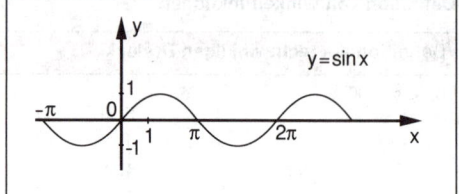

Kosinusfunktion $y = \cos x$
$D = \mathbb{R}$ $W = [-1, +1]$
Nullstellen: $x_k = (2k+1)\dfrac{\pi}{2}$, $k \in \mathbb{Z}$
$\cos(x + 2k\pi) = \cos x$ Periode: 2π

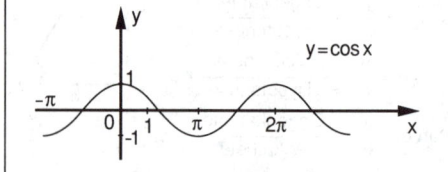

Tangensfunktion $y = \tan x$
$D = \mathbb{R}$ $x \neq (2k+1)\dfrac{\pi}{2}$, $k \in \mathbb{Z}$ $W = \mathbb{R}$
Nullstellen: $x_k = k\pi$, $k \in \mathbb{Z}$
$\tan(x + k\pi) = \tan x$ Periode: π

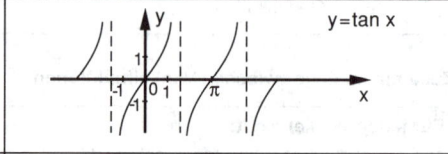

Umkehrfunktionen von Winkelfunktionen:

Arkussinusfunktion $y = \arcsin x$
$D = [-1, 1]$ $W = [-\dfrac{\pi}{2}, \dfrac{\pi}{2}]$ Nullstelle: $x_0 = 0$

Arkuscosinusfunktion $y = \arccos x$
$D = [-1, 1]$ $W = [0, \pi]$ Nullstelle: $x_0 = 1$

Arkustangensfunktion $y = \arctan x$
$D = \mathbb{R}$ $W =]-\dfrac{\pi}{2}, \dfrac{\pi}{2}[$ Nullstelle: $x_0 = 0$

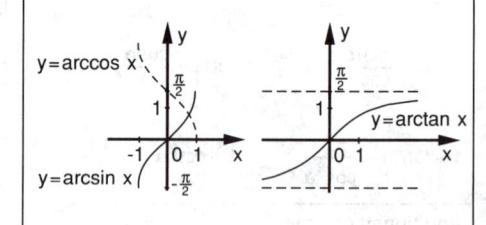

Anwendungen von Winkelfunktionen bei Dreiecksberechnungen

Berechnungen ohne Winkelfunktionen am allgemeinen Dreieck vgl. (S. 29)			
Sinussatz	$\dfrac{a}{b} = \dfrac{\sin\alpha}{\sin\beta}$	$\dfrac{b}{c} = \dfrac{\sin\beta}{\sin\gamma}$	$\dfrac{a}{c} = \dfrac{\sin\alpha}{\sin\gamma}$
Kosinussatz	$a^2 = b^2 + c^2 - 2bc\cos\alpha$	$b^2 = a^2 + c^2 - 2ac\cos\beta$	$c^2 = a^2 + b^2 - 2ab\cos\gamma$
Flächeninhalt	$A = \dfrac{1}{2}ab\sin\gamma = \dfrac{1}{2}bc\sin\alpha = \dfrac{1}{2}ac\sin\beta = 2r^2\sin\alpha\sin\beta\sin\gamma$		r Umkreisradius
	$A = \dfrac{a^2}{2} \cdot \dfrac{\sin\beta \cdot \sin\gamma}{\sin\alpha} = \dfrac{b^2}{2} \cdot \dfrac{\sin\alpha \cdot \sin\gamma}{\sin\beta} = \dfrac{c^2}{2} \cdot \dfrac{\sin\alpha \cdot \sin\beta}{\sin\gamma}$		
Höhen	$h_a = b\sin\gamma = c\sin\beta$	$h_b = a\sin\gamma = c\sin\alpha$	$h_c = b\sin\alpha = a\sin\beta$
Umkreisradius	$r = \dfrac{a}{2\sin\alpha} = \dfrac{b}{2\sin\beta} = \dfrac{c}{2\sin\gamma}$		

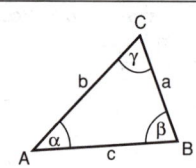

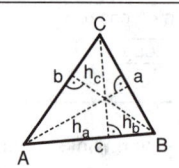

Mathematik

Exponential- und Logarithmusfunktionen

Exponentialfunktionen
$y = a^x$ ($a \in R$, $a > 0$, $a \neq 1$)
$D = R$ $\quad$ $W =]0, +\infty[$
Nullstellen: keine
Gemeinsamer Punkt aller Funktionsgraphen: (0; 1)
Spezialfall: $y = e^x$

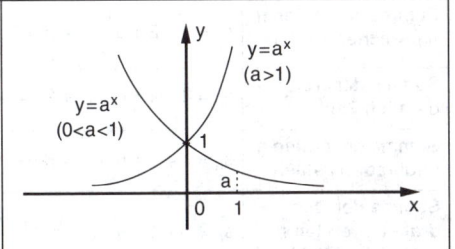

Logarithmusfunktionen
$y = \log_a x$ ($a \in R$, $a > 0$, $a \neq 1$)
$D =]0, +\infty[$ $\quad$ $W = R$
Nullstelle: $x_0 = 1$
Gemeinsamer Punkt aller Funktionsgraphen: (1; 0)
Spezialfälle: $\quad y = \log_{10} x = \lg x$
$\qquad\qquad\quad y = \log_e x = \ln x$
$\qquad\qquad\quad y = \log_2 x = \text{lb}\, x$

(S. 21)

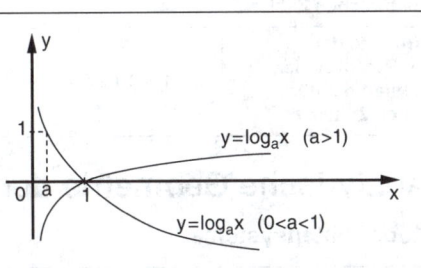

Beispiele für Werte von Logarithmusfunktionen

$\log_a x$ \ x	0,5	1	2	3	4	6	8	10	100
lg x	−0,30	0	0,30	0,48	0,60	0,78	0,90	1	2
lb x	−1	0	1	1,58	2	2,58	3	3,32	6,64
ln x	−0,69	0	0,69	1,10	1,39	1,79	2,08	2,30	4,61
$\log_{0,5} x$	1	0	−1	−1,58	−2	−2,08	−3	−3,32	−6,64

Folgen und Summen

Grundbegriffe $\qquad\qquad\qquad\qquad\qquad\qquad\qquad\qquad a_i, d, q \in R;\ n \in N^*$

Zahlenfolge (a_n) a_n	Funktion mit $D = N^*$ und $W \subseteq R$ n-tes (allgemeines) Glied der Zahlenfolge (a_n), gibt zugleich die Bildungsvorschrift an
arithmetische Zahlenfolge	$a_1, a_1 + d, a_1 + 2d, ..., a_1 + (n-1)d, ...$ $\quad$ *Rekursive Bildungsvorschrift:* $a_{n+1} = a_n + d$, Anfangsglied a_1 *Explizite Bildungsvorschrift:* $a_{n+1} = a_1 + nd$ Für $d < 0$ fallende Folge $\quad d = 0$ konstante Folge $\quad d > 0$ wachsende Folge $s_n = a_1 + (a_1 + d) + ... + [a_1 + (n-1)d] = \frac{n}{2}(a_1 + a_n) = na_1 + \frac{(n-1)n}{2}d$
geometrische Zahlenfolge	$a_1, a_1 q, a_1 q^2, ..., a_1 q^{n-1}, ...$ $\quad (a_1 \neq 0, q \neq 0)$ $\quad$ *Rekursive Bildungsvorschrift:* $a_{n+1} = a_n q$, Anfangsglied a_1 *Explizite Bildungsvorschrift:* $a_{n+1} = a_1 q^n$ Für $a_1 > 0$: $\quad 0 < q < 1$ fallende Folge $\quad q = 1$ konstante Folge $\qquad\qquad\quad q > 1$ wachsende Folge $\quad q < 0$ alternierende Folge $s_n = a_1 + a_1 q + ... + a_1 q^{n-1} = a_1 \frac{q^n - 1}{q - 1} = a_1 \frac{1 - q^n}{1 - q}$ $\quad$ (falls $q \neq 1$)

Mathematik

Spezielle Summen

i, n ∈ N*

Summe der ersten n natürlichen Zahlen	$s_n = 1 + 2 + 3 + \ldots + n = \dfrac{n(n+1)}{2}$
Summe der ersten n geraden Zahlen	$s_n = 2 + 4 + 6 + \ldots + 2n = n(n+1)$
Summe der ersten n ungeraden Zahlen	$s_n = 1 + 3 + 5 + \ldots + (2n-1) = n^2$
Summe der Quadrate der ersten n natürlichen Zahlen	$s_n = 1 + 4 + 9 \ldots + n^2 = \dfrac{n(n+1)(2n+1)}{6}$
Summe der 3. Potenzen der ersten n natürlichen Zahlen	$s_n = 1 + 8 + 27 + \ldots + n^3 = \left[\dfrac{n(n+1)}{2}\right]^2$

Analytische Geometrie der Ebene

Koordinatensysteme

Kartesisches Koordinatensystem	x_1, y_1 Koordinaten von P_1 x_1 Abszisse y_1 Ordinate 0 Koordinatenursprung
Polarkoordinatensystem	r_1, φ_1 Polarkoordinaten von P_1 r_1 Radius φ_1 Polarwinkel (Phase, Anomalie)

Koordinatentransformationen

Transformation von Polarkoordinaten in kartesische Koordinaten (und umgekehrt)	$x = r \cdot \cos \varphi$ $y = r \cdot \sin \varphi$	$r = \sqrt{x^2 + y^2}$ $\cos \varphi = \dfrac{x}{\sqrt{x^2 + y^2}}$ $\sin \varphi = \dfrac{y}{\sqrt{x^2 + y^2}}$
Parallelverschiebung (Translation) eines kartesischen Koordinatensystems	x, y Koordinaten von P im ursprünglichen System x', y' Koordinaten von P im neuen System $x = x' + c$ $y = y' + d$	$x' = x - c$ $y' = y - d$
Drehung (Rotation) eines kartesischen Koordinatensystems um den Winkel φ	$x = x' \cdot \cos \varphi - y' \cdot \sin \varphi$ $y = x' \cdot \sin \varphi + y' \cdot \cos \varphi$	$x' = x \cdot \cos \varphi + y \cdot \sin \varphi$ $y' = -x \cdot \sin \varphi + y \cdot \cos \varphi$

Mathematik

Strecke und Teilverhältnis

$\lambda \in R$

Länge einer Strecke (Abstand zweier Punkte)	$s = \overline{P_1P_2} = \sqrt{(x_2-x_1)^2 + (y_2-y_1)^2}$	
Anstieg (Richtung) einer Strecke	$m = \tan \alpha = \dfrac{y_2-y_1}{x_2-x_1}$	
Teilung einer Strecke P_1P_2 im Verhältnis λ Teilpunkt $T(x_T; y_T)$	$x_T = \dfrac{x_1 + \lambda x_2}{1 + \lambda}$ $\quad y_T = \dfrac{y_1 + \lambda y_2}{1 + \lambda}$ $\quad (\lambda \neq -1)$	$\lambda > 0$ innerer Teilpunkt $\lambda < 0$ äußerer Teilpunkt
Mittelpunkt $M(x_M; y_M)$	$x_M = \dfrac{x_1 + x_2}{2}$ $\quad y_M = \dfrac{y_1 + y_2}{2}$	
stetige Teilung (Goldener Schnitt) (S. 21)	Innere Teilung der Strecke $\overline{P_1P_2}$ mit $\overline{P_1P_2} : \overline{P_1T} = \overline{P_1T} : \overline{TP_2}$ $\overline{P_1T} = \dfrac{\sqrt{5}-1}{2} \cdot \overline{P_1P_2}$ $\approx 0{,}618 \cdot \overline{P_1P_2}$	$r = \overline{MP_2} = \dfrac{1}{2}\overline{P_1P_2}$

Geradengleichungen

$a, b, m, n \in R$;

kartesische Normalform (der Geradengleichung)	$y = mx + n \qquad m = \tan \alpha$ Gerade mit dem Anstieg m, die die y-Achse in $P_0(0; n)$ schneidet	
Punktrichtungsgleichung	$y - y_0 = m(x - x_0)$ Gerade durch $P_0(x_0; y_0)$ mit dem Anstieg m	
Zweipunktegleichung	$y - y_1 = \dfrac{y_2-y_1}{x_2-x_1}(x - x_1) \qquad (x_2 \neq x_1)$ Gerade durch $P_1(x_1; y_1)$ und $P_2(x_2; y_2)$ $m = \tan \alpha = \dfrac{y_2-y_1}{x_2-x_1}$	
Achsenabschnittsgleichung	$\dfrac{x}{a} + \dfrac{y}{b} = 1$ Gerade, die die Achsen in $P_1(a; 0)$ bzw. $P_2(0; b)$ schneidet	

Ma6

Mathematik

Kreis

r > 0; c, d, r ∈ R

Mittelpunkts-gleichung	$x^2 + y^2 = r^2$ Kreis mit dem Mittelpunkt M (0; 0) und dem Radius r
allgemeine Kreis-gleichung	$(x - c)^2 + (y - d)^2 = r^2$ Kreis mit dem Mittelpunkt M (c; d) und dem Radius r
Lagebeziehung von Kreis und Gerade	Abszissen der Schnittpunkte der Geraden $y = mx + n$ mit dem Kreis $x^2 + y^2 = r^2$: $x_{1/2} = -\dfrac{mn}{1+m^2} \pm \dfrac{1}{1+m^2}\sqrt{r^2(1+m^2) - n^2}$ $D = r^2(1+m^2) - n^2$ D > 0 Die Gerade schneidet den Kreis in zwei Punkten (Sekante). D = 0 Die Gerade berührt den Kreis in einem Punkt (Tangente). D < 0 Gerade und Kreis haben keinen gemeinsamen Punkt.
Tangente und Normale im Punkt P_1 (x_1; y_1)	Tangente t an den Kreis $x^2 + y^2 = r^2$ in P_1: t: $xx_1 + yy_1 = r^2$ $m_t = -\dfrac{x_1}{y_1}$ Normale n zum Kreis $x^2 + y^2 = r^2$ in P_1: n: $yx_1 - xy_1 = 0$ $m_n = \dfrac{y_1}{x_1}$

Parabel

Die **Parabel** ist die Menge aller Punkte P der Ebene, die von einem festen Punkt F (dem *Brennpunkt*) und von einer festen Geraden l (der *Leitlinie*) den gleichen Abstand haben.

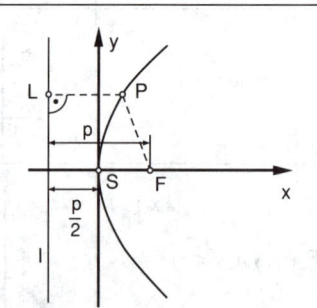

$\overline{PF} = \overline{PL}$

p Abstand des Brennpunktes F von der Leitlinie l (2p Parameter)

Scheitelgleichungen der Parabel:

$y^2 = 2px$	p > 0 Öffnung nach rechts p < 0 Öffnung nach links	$x^2 = 2py$	p > 0 Öffnung nach oben p < 0 Öffnung nach unten
S (0; 0)	Scheitel	S (0; 0)	Scheitel
F ($\frac{p}{2}$; 0)	Brennpunkt $x = -\dfrac{p}{2}$ Leitlinie	F (0; $\frac{p}{2}$)	Brennpunkt $y = -\dfrac{p}{2}$ Leitlinie
x-Achse ist Symmetrieachse der Parabel		y-Achse ist Symmetrieachse der Parabel	

Mathematik

Ellipse und Hyperbel

$a, b > 0; a, b \in \mathbb{R}$

Ellipse (a große Halbachse, b kleine Halbachse)	Hyperbel
Die **Ellipse** ist die Menge aller Punkte P der Ebene, für die die Summe der Abstände von zwei festen Punkten F_1 und F_2 (den *Brennpunkten*) konstant ist. Es gilt: $\overline{PF_1} + \overline{PF_2} = 2a$	Die **Hyperbel** ist die Menge aller Punkte P der Ebene, für die die Differenz der Abstände von zwei festen Punkten F_1 und F_2 (den *Brennpunkten*) konstant ist. Es gilt: $\left|\overline{PF_1} - \overline{PF_2}\right| = 2a$
Mittelpunktsgleichung: $\dfrac{x^2}{a^2} + \dfrac{y^2}{b^2} = 1 \qquad M(0;0)$ $e = \sqrt{a^2 - b^2}$ lineare Exzentrizität $F_{1/2}(\pm e; 0)$ Brennpunkte	Mittelpunktsgleichung: $\dfrac{x^2}{a^2} - \dfrac{y^2}{b^2} = 1 \qquad M(0;0)$ $e = \sqrt{a^2 + b^2}$ lineare Exzentrizität $F_{1/2}(\pm e; 0)$ Brennpunkte
Tangente in P_1: $\dfrac{xx_1}{a^2} + \dfrac{yy_1}{b^2} = 1$	Tangente in P_1: $\qquad$ Asymptoten: $\dfrac{xx_1}{a^2} - \dfrac{yy_1}{b^2} = 1 \qquad y = \pm \dfrac{b}{a} x$

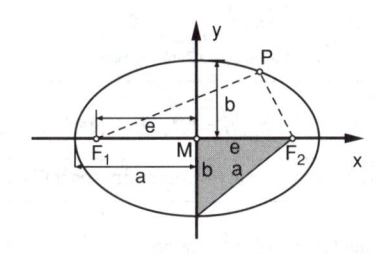

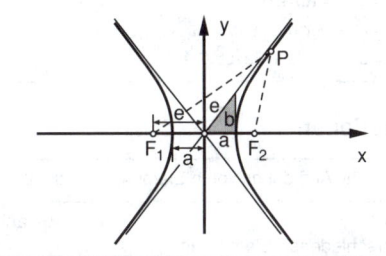

Kombinatorik

Fakultät

$n \in \mathbb{N}$

$n! = 1 \cdot 2 \cdot 3 \cdot \ldots \cdot (n-1) \cdot n \qquad 0! = 1 \qquad 1! = 1 \qquad (n+1)! = n!(n+1)$

Zahlenwerte für n!

n	2	3	4	5	6	7	8	9	10
n!	2	6	24	120	720	5040	40320	362880	3628800

Binomialkoeffizienten

$n, k \in \mathbb{N}; k \leq n$

Definition	$\binom{n}{k} = \dfrac{n(n-1)(n-2)\ldots[n-(k-1)]}{1 \cdot 2 \cdot 3 \cdot \ldots \cdot k} = \dfrac{n!}{k!(n-k)!}$	$\binom{n}{0} = 1$
Rechenregeln	$\binom{n}{k} = \binom{n}{n-k} \qquad \binom{n}{k} + \binom{n}{k+1} = \binom{n+1}{k+1}$	

Zahlenwerte für $\binom{n}{k}$

k \ n	4	5	6	7	8	9	10	11	12	13	14	15
2	6	10	15	21	28	36	45	55	66	78	91	105
3			20	35	56	84	120	165	220	286	364	455
4					70	126	210	330	495	715	1001	1365
5							252	462	792	1287	2002	3003
6									924	1716	3003	5005
7											3432	6435

Mathematik

Binomischer Satz
$a, b \in R; n, k \in N$

$$(a+b)^n = \binom{n}{0} a^n + \binom{n}{1} a^{n-1} b + \binom{n}{2} a^{n-2} b^2 + \ldots + \binom{n}{n-1} a b^{n-1} + \binom{n}{n} b^n$$

Beispiele:
$(a + b)^0 = 1$
$(a + b)^1 = a + b$
$(a + b)^2 = a^2 + 2ab + b^2$
$(a + b)^3 = a^3 + 3a^2b + 3ab^2 + b^3$
$(a + b)^4 = a^4 + 4a^3b + 6a^2b^2 + 4ab^3 + b^4$

Binomialkoeffizienten
```
           1
         1   1
        1  2  1
       1  3  3  1
      1  4  6  4  1
```
PASCALsches Zahlendreieck

Permutationen
$n \in N^*; \alpha_i \in N^* (i = 1, 2, \ldots)$

Jede mögliche Anordnung von n Elementen, in der alle Elemente verwendet werden, heißt **Permutation** dieser Elemente.

Anzahl der Permutationen

von n verschiedenen Elementen

$P_n = n!$

Anwendung : 3 Elemente

$P_3 = 6$ ABC BAC CAB
              ACB BCA CBA

von n Elementen mit Wiederholung
(n Elemente, von denen je $\alpha_1, \alpha_2, \ldots, \alpha_r$ untereinander gleich sind)

$\overline{P}_n = \dfrac{n!}{\alpha_1! \cdot \alpha_2! \cdot \ldots \cdot \alpha_r!}$ mit $\alpha_1 + \alpha_2 + \ldots + \alpha_r = n$

Anwendung : 4 Elemente, von denen je zwei gleich sind

$\overline{P}_4 = \dfrac{4!}{2! \cdot 2!} = 6$ AABB BAAB
                 ABAB BABA
                 ABBA BBAA

Variationen
$n, k \in N^*$

Jede mögliche Anordnung (**mit** Berücksichtigung der Reihenfolge) aus je k von n Elementen heißt **Variation** dieser Elemente (Variation von n Elementen zur k-ten Klasse).

Anzahl der Variationen k-ter Klasse

von n verschiedenen Elementen o h n e Wiederholung

$V_n^k = \dfrac{n!}{(n-k)!} = \binom{n}{k} k!$

Anwendung : 3 Elemente, 2. Klasse

$V_3^2 = \dfrac{3!}{1!} = 6$ AB BA CA
              AC BC CB

von n verschiedenen Elementen m i t Wiederholung

$\overline{V}_n^k = n^k$

Anwendung : 3 Elemente, 2. Klasse

$\overline{V}_3^2 = 3^2 = 9$ AA BA CA
              AB BB CB
              AC BC CC

Kombinationen
$n, k \in N^*$

Jede mögliche Anordnung (**ohne** Berücksichtigung der Reihenfolge) aus je k von n Elementen heißt **Kombination** dieser Elemente (Kombination von n Elementen zur k-ten Klasse).

Anzahl der Kombinationen k-ter Klasse

von n verschiedenen Elementen o h n e Wiederholung

$C_n^k = \binom{n}{k}$

Anwendung : 4 Elemente, 3. Klasse

$C_4^3 = \binom{4}{3} = 4$ ABC BCD
                 ABD
                 ACD

von n verschiedenen Elementen m i t Wiederholung

$\overline{C}_n^k = \binom{n+k-1}{k}$

Anwendung : 3 Elemente, 2. Klasse

$\overline{C}_3^2 = \binom{4}{2} = 6$ AA BB CC
                 AB BC
                 AC

Mathematik

Wahrscheinlichkeitsrechnung und Statistik

Grundlegende Begriffe

Zufallsversuch	Versuch mit mehreren möglichen Ergebnissen $\omega_1, \omega_2, \ldots \omega_n$
Ergebnismenge (Stichprobenraum) Ω	Menge aller möglichen Ergebnisse $\Omega = \{\omega_1, \omega_2, \ldots \omega_n\}$
Ereignis E sicheres Ereignis unmögliches Ereignis Elementarereignis {a} Gegenereignis $\bar{E}$	Teilmenge der Ergebnismenge Ω $\quad E \subseteq \Omega$ Ereignis, das bei **jeder** Versuchsdurchführung eintritt Ereignis, das bei **keiner** Versuchsdurchführung eintritt Ereignis mit nur einem Element Komplementärmenge von E (S. 18)
absolute Häufigkeit $H_n(E)$ des Eintretens von E	Anzahl des Eintretens von E bei n Versuchsdurchführungen
relative Häufigkeit $h_n(E)$ des Eintretens von E	$h_n(E) = \dfrac{H_n(E)}{n}$

Wahrscheinlichkeit und ihre grundlegenden Eigenschaften $\qquad E, E_i \subseteq \Omega$

Bei einer hinreichend großen Anzahl von Versuchen kann die relative Häufigkeit des Eintretens von E als Zahlenwert für die **Wahrscheinlichkeit** gewählt werden.
Der Zahlenwert für die Wahrscheinlichkeit des Eintretens des Ereignisses E wird mit P(E) bezeichnet.

Gleichverteilung (klassische Wahrscheinlichkeit)

Haben alle Elementarereignisse bei einem Zufallsversuch die gleiche Wahrscheinlichkeit, so gilt

$$P(E) = \frac{\text{Anzahl der für E günstigen Ergebnisse}}{\text{Anzahl der möglichen Ergebnisse}} = \frac{g}{m}$$

Anwendung: Beim Würfeln mit einem idealen Würfel sind $E_1, E_2, E_3, E_4, E_5, E_6$ (einander ausschließende) Ereignisse, die im Erreichen einer 1, 2, 3, 4, 5 bzw. 6 bestehen.
Es ist $P(E_1) = P(E_2) = P(E_3) = P(E_4) = P(E_5) = P(E_6) = \dfrac{1}{6}$

Regeln und Sätze für das Rechnen mit Wahrscheinlichkeiten

(1) $\quad 0 \leq P(E) \leq 1$
(2) $\quad \{a_1, a_2, \ldots, a_k\} \subseteq \Omega \Rightarrow$
$\quad\quad P(\{a_1, a_2, \ldots, a_k\}) = P(\{a_1\}) + P(\{a_2\}) + \ldots + P(\{a_k\})\quad$ Summenregel
(3) $\quad P(\Omega) = 1 \quad\quad\quad\quad\quad\quad\quad\quad\quad\quad\quad\quad$ Wahrscheinlichkeit des sicheren Ereignisses
(4) $\quad P(\emptyset) = 0 \quad\quad\quad\quad\quad\quad\quad\quad\quad\quad\quad\quad$ Wahrscheinlichkeit des unmöglichen Ereignisses
(5) $\quad P(\bar{E}) = 1 - P(E) \quad\quad\quad\quad\quad\quad\quad\quad\;$ Wahrscheinlichkeit des Gegenereignisses
(6) $\quad E_1 \subseteq E_2 \Rightarrow P(E_1) \leq P(E_2)$
(7) $\quad P(E_1 \cup E_2) = P(E_1) + P(E_2) - P(E_1 \cap E_2) \quad$ Additionssatz für zwei Ereignisse

Additionssatz für einander ausschließende Ereignisse E_1 und E_2 (Wahrscheinlichkeit des „entweder – oder"):

$$P(E_1 \cup E_2) = P(E_1) + P(E_2)$$

Anwendung: Beim Würfeln mit einem idealen Würfel sind $E_1, E_2, E_3, E_4, E_5, E_6$ Ereignisse, die im Erreichen einer 1, 2, 3, 4, 5 bzw. 6 bestehen.
Die Wahrscheinlichkeit, eine 1 oder 6 zu erreichen, ist

$$P(E_1 \cup E_6) = P(E_1) + P(E_6) = \frac{1}{6} + \frac{1}{6} = \frac{1}{3}$$

Mathematik

Zusammengesetzte Versuche; bedingte Wahrscheinlichkeit

n-stufiger Versuch	Zusammenfassung von n (Teil-)Versuchen zu einem Versuch
Pfadregel	

Die Wahrscheinlichkeit für ein Elementarereignis bei einem mehrstufigen Zufallsversuch ist gleich dem Produkt der Wahrscheinlichkeiten längs des zugehörigen Pfades im Baumdiagramm.

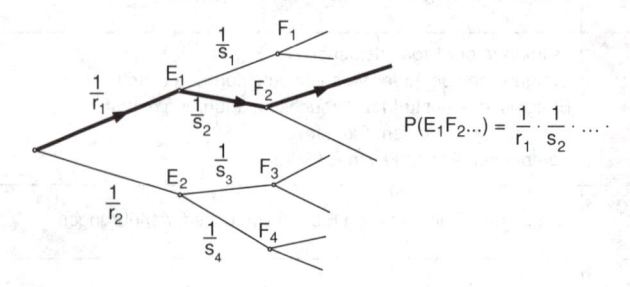

$$P(E_1 F_2 ...) = \frac{1}{r_1} \cdot \frac{1}{s_2} \cdot ...$$

unabhängige Ereignisse	Das Eintreten eines Ereignisses hat keinen Einfluß auf das Eintreten des anderen.
bedingte Wahrscheinlichkeit $P_B(A)$	Wahrscheinlichkeit des Ereignisses A unter der Voraussetzung, daß B mit einer bestimmten Wahrscheinlichkeit bereits eingetreten ist $P_B(A) = \frac{P(A \cap B)}{P(B)}$, falls $P(B) > 0$
Multiplikationssatz	

$P(A \cap B) = P(B) \cdot P_B(A) = P(A) \cdot P_A(B)$, falls $P(B)$ bzw. $P(A) > 0$

Multiplikationssatz für unabhängige Ereignisse E_1 und E_2 (Wahrscheinlichket des „sowohl – als auch"):

$P(E_1 \cap E_2) = P(E_1) \cdot P(E_2)$

Anwendung: Beim Würfeln mit zwei idealen Würfeln sind $E_1, E_2, E_3, E_4, E_5, E_6$ bzw. $F_1, F_2, F_3, F_4, F_5, F_6$ Ereignisse, die jeweils im Erreichen einer 1, 2, 3, 4, 5, 6 bestehen.

Die Wahrscheinlichkeit, mit beiden Würfeln jeweils 6 zu erreichen, ist

$P(E_6 \cap F_6) = P(E_6) \cdot P(F_6) = \frac{1}{6} \cdot \frac{1}{6} = \frac{1}{36}$

Lage- und Streumaße statistischer Untersuchungen

Modalwert (Modus)	häufigster Wert unter den Ergebnissen einer Stichprobe
Mittelwert $\bar{x}$ einer Stichprobe vom Umfang N	$\bar{x} = \frac{1}{N}(x_1 + x_2 + ... + x_N)$ (S. 21)
Zentralwert (Median) z	in der Mitte stehender Wert der nach der Größe geordneten Ergebnisse einer Stichprobe (gegebenenfalls Mittelwert der zwei in der Mitte stehenden Ergebnisse)
Spannweite (Streu- oder Variationsbreite) R	Differenz zwischen größtem und kleinstem Ergebnis einer Stichprobe $R = x_{Max} - x_{Min}$
mittlere Abweichung vom Zentralwert z bei einer Stichprobe vom Umfang N	Mittelwert der Abstände der Stichprobenergebnisse vom Zentralwert z $\frac{1}{N}(|x_1 - z| + |x_2 - z| + ... + |x_N - z|)$
Varianz s^2, Standardabweichung s	$s^2 = \frac{1}{N}[(x_1 - \bar{x})^2 + (x_2 - \bar{x})^2 + ... + (x_N - \bar{x})^2]$

ITG

Datendarstellung

Dualsystem (Zweiersystem, dyadisches System, binäres System)

Grundziffern:	0, 1		Stellenwert: Potenzen von 2	Kennzeichnung: b	
Darstellungsform:	$b_m b_{m-1} \ldots b_0, b_{-1} b_{-2} \ldots b_{-n}$			$m, n \in \mathbb{N}$ $b_i \in \{0; 1\}$	
Beispiel:	$10101{,}11b = 1 \cdot 2^4 + 0 \cdot 2^3 + 1 \cdot 2^2 + 0 \cdot 2^1 + 1 \cdot 2^0 + 1 \cdot 2^{-1} + 1 \cdot 2^{-2} = 16 + 0 + 4 + 0 + 1 + 0{,}5 + 0{,}25 = 21{,}75$				
Addition	Grundaufgaben	$0 + 0 = 0$ $0 + 1 = 1 + 0 = 1$ $1 + 1 = 10$		$1111b$ $+1001b$ $\overline{10010b}$	15 $+19$ $\overline{34}$
Komplementdarstellung (für negative ganze Zahlen)	$-Z = \neg Z + 1$ ($-Z$ wird als Differenz $2^n - Z$ dargestellt)	Z positive Dualzahl $\neg$ bitweise Negation		$Z = 55 = 00110111b$ $n = 8$ $\neg Z = 11001000b$ $-Z = \neg Z + 1 = 11001001b = 201 = 2^8 - 55$	
Subtraktion	– entspricht der Addition des Komplements – der Übertrag der ersten Ziffer wird gestrichen			$8501010101b$ $-55-00110111b = $ $\overline{30}$	$01010101b$ $+11001001b$ $\overline{00011110b}$
Multiplikation	Grundaufgaben	$0 \cdot 0 = 0$ $0 \cdot 1 = 1 \cdot 0 = 0$ $1 \cdot 1 = 1$		$1011 \cdot 11$ $\overline{1011}$ 1011 $\overline{1000010}$	$22 \cdot 3$ $\overline{66}$

Einheiten der Datendarstellung

Bit	kleinste Einheit der Datendarstellung, kann 2 mögliche Werte annehmen (0/1, O/L, falsch/wahr, nein/ja Schalter geöffnet/Schalter geschlossen, Strom fließt nicht/Strom fließt; in der Technik auch L/H)
Byte	Zusammenfassung von 8 Bit zu einem Zeichen, dadurch können $2^8 = 256$ verschiedene Zeichen dargestellt werden. Jedes Byte kann in zwei Tetraden zerlegt werden, die jeweils durch eine Hexadezimalziffer codiert werden können. *Beispiel:* $26 = 0001\,\vert\,1010b = 1A$ Auch Maßeinheit der Speicherkapazität: 1 KByte = 2^{10} Byte = 1024 Byte 1 MByte = 2^{20} Byte = 1048576 Byte
Word	Bitfolge der Länge 16; kann 16-stellige Dualzahlen codieren, nämlich die Zahlen von $0 = 0000000000000000b$ bis $65535 = 1111111111111111b$

Hexadezimalsystem

Grundziffern:	0,1,2,3,4,5,6,7,8,9,A,B,C,D,E,F	Stellenwert: Potenzen von 16	Kennzeichnung: h
Darstellungsform:	$h_m h_{m-1} \ldots h_0, h_{-1} h_{-2} \ldots h_{-n}$	$m, n \in \mathbb{N}$	$h \in \{0; 1; \ldots; 9; A; B; \ldots; F\}$
Beispiel:	$14E{,}2h = 1 \cdot 16^2 + 4 \cdot 16^1 + 14 \cdot 16^0 + 2 \cdot 16^{-1} = 256 + 64 + 14 + 0{,}125 = 334{,}125$		

Vergleich: Dezimalzahlen (z), Dualzahlen (Bitmuster, b), Hexadezimalzahlen (h)

z	b	h	z	b	h	z	b	h	z	b	h
0	00000000	00	10	00001010	0A	20	00010100	14	30	00011110	1E
1	00000001	01	11	00001011	0B	21	00010101	15	31	00011111	1F
2	00000010	02	12	00001100	0C	22	00010110	16	32	00100000	20
3	00000011	03	13	00001101	0D	23	00010111	17	55	00110111	37
4	00000100	04	14	00001110	0E	24	00011000	18	85	01010101	55
5	00000101	05	15	00001111	0F	25	00011001	19	99	01100011	63
6	00000110	06	16	00010000	10	26	00011010	1A	100	01100100	64
7	00000111	07	17	00010001	11	27	00011011	1B	127	01111111	7F
8	00001000	08	18	00010010	12	28	00011100	1C	128	10000000	80
9	00001001	09	19	00010011	13	29	00011101	1D	255	11111111	FF

ASCII-Zeichen (erweiterter Code)

ASCII (American Standard Code for Information Interchange)

dez dezimaler Wert
437 Code-Tabelle 437
850 Code-Tabelle 850

Die Zeichen sind unter DOS und in den meisten Anwendungsprogrammen mit ALT + Dezimalwert (auf dem Ziffernblock der Tastatur) abrufbar.

dez	437	850	dez	437	850	dez	437	850	dez	437	850	dez	437	850	dez	437	850	dez	437	850	dez	437	850
			60	<	<	90	Z	Z	120	x	x	150	û	û	180	┤	┤	210	π	Ê	240	≡	─
			61	=	=	91	[	[	121	y	y	151	ù	ù	181	╡	Á	211	╚	Ë	241	±	±
32			62	>	>	92	\	\	122	z	z	152	ÿ	ÿ	182	╢	Â	212	╔	È	242	≥	=
33	!	!	63	?	?	93	]	]	123	{	{	153	Ö	Ö	183	╖	À	213	╚	ı	243	≤	¾
34	"	"	64	@	@	94	^	^	124	|	|	154	Ü	Ü	184	╕	©	214	π	í	244	⌠	¶
35	#	#	65	A	A	95	_	_	125	}	}	155	¢	ø	185	╣	╣	215	╫	Î	245	⌡	§
36	$	$	66	B	B	96	`	`	126	~	~	156	£	£	186	║	║	216	╪	Ï	246	÷	÷
37	%	%	67	C	C	97	a	a	127	⌂	⌂	157	¥	Ø	187	╗	╗	217	┘	┘	247	≈	¸
38	&	&	68	D	D	98	b	b	128	Ç	Ç	158	Pt	×	188	╝	╝	218	┌	┌	248	°	°
39	'	'	69	E	E	99	c	c	129	ü	ü	159	ƒ	ƒ	189	╜	¢	219	█	█	249	·	¨
40	(	(	70	F	F	100	d	d	130	é	é	160	á	á	190	╛	¥	220	▄	▄	250	·	·
41	)	)	71	G	G	101	e	e	131	â	â	161	í	í	191	┐	┐	221	▌	|	251	√	¹
42	*	*	72	H	H	102	f	f	132	ä	ä	162	ó	ó	192	└	└	222	▐	Ì	252	ⁿ	³
43	+	+	73	I	I	103	g	g	133	à	à	163	ú	ú	193	┴	┴	223	▀	▀	253	²	²
44	,	,	74	J	J	104	h	h	134	å	å	164	ñ	ñ	194	┬	┬	224	α	Ó	254	■	■
45	-	-	75	K	K	105	i	i	135	ç	ç	165	Ñ	Ñ	195	├	├	225	β	β	255		
46	.	.	76	L	L	106	j	j	136	ê	ê	166	ª	ª	196	─	─	226	Γ	Ô			
47	/	/	77	M	M	107	k	k	137	ë	ë	167	º	º	197	┼	┼	227	π	Ò			
48	0	0	78	N	N	108	l	l	138	è	è	168	¿	¿	198	╞	ã	228	Σ	õ			
49	1	1	79	O	O	109	m	m	139	ï	ï	169	⌐	®	199	╟	Ã	229	σ	Õ			
50	2	2	80	P	P	110	n	n	140	î	î	170	¬	¬	200	╚	╚	230	µ	µ			
51	3	3	81	Q	Q	111	o	o	141	ì	ì	171	½	½	201	╔	╔	231	τ	þ			
52	4	4	82	R	R	112	p	p	142	Ä	Ä	172	¼	¼	202	╩	╩	232	Φ	Þ			
53	5	5	83	S	S	113	q	q	143	Å	Å	173	¡	¡	203	╦	╦	233	Θ	Ú			
54	6	6	84	T	T	114	r	r	144	É	É	174	«	«	204	╠	╠	234	Ω	Û			
55	7	7	85	U	U	115	s	s	145	æ	æ	175	»	»	205	═	═	235	δ	Ù			
56	8	8	86	V	V	116	t	t	146	Æ	Æ	176	░	░	206	╬	╬	236	∞	ý			
57	9	9	87	W	W	117	u	u	147	ô	ô	177	▒	▒	207	╧	¤	237	φ	Ý			
58	:	:	88	X	X	118	v	v	148	ö	ö	178	▓	▓	208	╨	û	238	ε	¯			
59	;	;	89	Y	Y	119	w	w	149	ò	ò	179	│	│	209	╤	Ð	239	∩	´			

Die ersten 32 Zeichen (0 bis 31) sind im allgemeinen für die Steuerung reserviert.
Das Zeichen mit dem dezimalen Wert 32 ist das Leerzeichen.
Code-Tabelle 437 ist die gebräuchliche deutsche Tabelle, Code-Tabelle 850 der internationale Standard.

ITG

Datentypen

Datentyp	Bedeutung	Beispiele für konkrete Werte	mögliche Operationen, Relationen und Funktionen
integer	ganze Zahlen (im allgemeinen aus $[-2^{15}; 2^{15}-1]$)	−101 0 5 −66 3000	+, −, * (Mult.), div (ganzzahlige Division), mod (Rest bei div), abs (Absolutbetrag), Vergleichsrelationen
real	rationale Näherungswerte für reelle Zahlen	−26,53 0,03 5 102,5 −666,6 99 22,5E20 (22,5 · 10^{20})	+, −, *, / (Division), Vergleichsrelationen ($<, >, \leq, \geq, =, \neq$), verschiedene mathematische Funktionen wie sqrt (Quadratwurzel), sin, ln, ...
boolean (logical)	logische Werte	wahr falsch (true) (false)	NOT (nicht, ¬), AND (und, ∧), OR (oder, ∨), IMPL (folgt, ⇒)
char (character)	Zeichen (Ziffern, Buchstaben, Sonderzeichen, Grafiksymbole)	9 0 S c Y [Ø " Æ	ord (ordnet dem Zeichenwert die entsprechende ASCII-Codezahl zu), chr (ordnet der Codezahl das entsprechende Zeichen zu)
string	Zeichenkette	Otto ee A1 1234+ 1150 Berlin	verschiedene Funktionen zur Aneinanderreihung, Wiederholung, Aussonderung, Suche und Längenbestimmung, Vergleichsrelationen

Algorithmenstrukturen

a, a_1, a_2, a_n Anweisungen; b Bedingung erfüllt

Name	Darstellungsform		
	verbal formalisiert	grafisch (Struktogramm)	in einer Programmiersprache (PASCAL)

Folge (Verbundanweisung)	Anweisung 1
	Anweisung 2
	...
	Anweisung n
		Anweisung 1
		Anweisung 2
		…
		Anweisung n
			BEGIN
			   Anweisung 1;
			   ...
			END;

einseitige Auswahl	WENN Bedingung,
	   DANN Anweisung
		ja \ b / nein
		a | ./.
			IF Bedingung
			   THEN Anweisung;

zweiseitige Auswahl (Alternative)	WENN Bedingung,
	   DANN Anweisung 1
	   SONST Anweisung 2
		ja \ b / nein
		a_1 | a_2
			IF Bedingung
			   THEN Anweisung 1
			   ELSE Anweisung 2;

mehrseitige Auswahl (Fallunterscheidung)	FALLS Selektor=
	   1: Anweisung 1
	   ...
	   n: Anweisung n
	ENDE
		1 2 Falls s = n
		a_1 a_2 ... a_n
			CASE Selektor OF
			   1: Anweisung 1;
			   ...
			   n: Anweisung n;
			END;

Wiederholung mit vorangestelltem Test (mit Eingangsbedingung)	SOLANGE b, FÜHRE
	   Anweisungen
	AUS
		Solange b
		tue | a
			WHILE Bedingung DO
			   Anweisung oder Verbund;

Wiederholung mit nachgestelltem Test (mit Abbruchbedingung)	WIEDERHOLE
	   Anweisungen
	BIS b
		Wiederhole | a
		bis b
			REPEAT
			   Anweisungen
			UNTIL b;

gezählte Wiederholung (Zählschleife)	FÜR i: = anfw BIS endw
	   (mit SCHRITTWEITE s)
	   FÜHRE Anweisungen AUS
		Für i = anfw bis endw
		tue | a
			FOR i := anfw TO endw DO
			   Anweisung oder Verbund;
			(für TO auch DOWNTO)

Arbeitslehre/Technik

Elektrotechnik/Elektronik

Schaltzeichen

	Leiter, Kabel, Stromweg		Stecker		NTC-Widerstand (Heißleiter)
L_1 L_2 L_3 PEN	Dreiphasen-Vierleitersystem		Buchse und Stecker		PTC-Widerstand (Kaltleiter)
	Kreuzung von Leitern ohne Verbindung		Steckerverbinder, festes Teil	G	Generator
	Leitungsverzweigung: fest, lösbar		Steckverbinder, bewegliches Teil	G ~	Wechselstromgenerator
	Erde (allgemein)		Steckverbindung Steckerseite fest, Buchsenseite beweglich	M	Motor
	Schutzerde		Schalter als Schließer Öffner	M ~	Wechselstrommotor
	Masse		Taster als Schließer Öffner		Kondensator
	Gehäuse		handbetätigter Schalter (allgemein)		Stellbarer Kondensator
	Schutzisolierung		Glühlampe		Elektrolytkondensator
	Sicherung		Glimmlampe		Fotowiderstand
	Antenne		Spule, Drossel		Diode
	Hörer		Spule mit Eisenkern		LED
	Lautsprecher		Transformator		Fotoelement
	Klingel		Dauermagnet		npn-Transistor
	Gleichspannung Wechselspannung		Widerstand (allgemein)	G D S	Feldeffekttransistor
	Spannungsquelle (allgemein)		Widerstand, einstellbar	V	Spannungsmeßgerät
	Galvanische Spannungsquelle (Batterie)		Widerstand mit festen Anzapfungen	A	Stromstärkemeßgerät
	Buchse		Stellbarer Widerstand		Mikrofon

Arbeitslehre/Technik

Logische Verknüpfungen (S. 19)

L low H high		UND (AND) 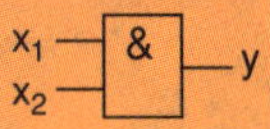	NAND 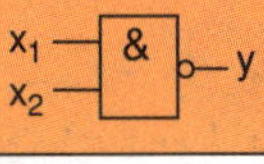	ODER (OR) 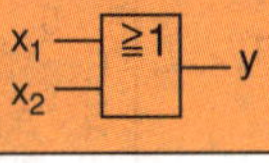	NOR 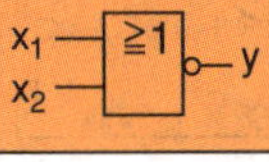	EXOR Entweder-Oder 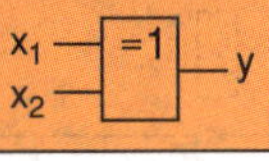	NICHT (NEGATOR) 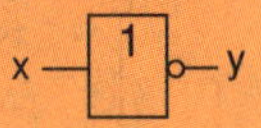	
x_1	x_2	y	y	y	y	y	x	y
L	L	L	H	L	H	L	L	H
H	L	L	H	H	L	H	H	L
L	H	L	H	H	L	H		
H	H	H	L	H	L	L		

Internationaler Farbcode für Widerstände der Reihen E6, E12, E24

Farbe	1. Ziffer	2. Ziffer	Multiplikator	Toleranz
Schwarz	0	0	x 1 Ω	–
Braun	1	1	x 10 Ω	± 1 %
Rot	2	2	x 100 Ω	± 2 %
Orange	3	3	x 1000 Ω	–
Gelb	4	4	x 10000 Ω	–
Grün	5	5	x 100000 Ω	–
Blau	6	6	x 1000000 Ω	–
Violett	7	7	–	–
Grau	8	8	–	–
Weiß	9	9	–	–
Gold	–	–	x 0,1 Ω	± 5 %
Silber	–	–	x 0,01 Ω	± 10 %

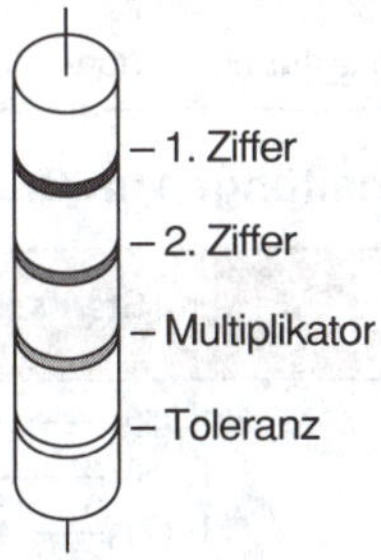

– 1. Ziffer
– 2. Ziffer
– Multiplikator
– Toleranz

Schaltungen der Elektrotechnik

Ersatzschaltung für einen einfachen Stromkreis

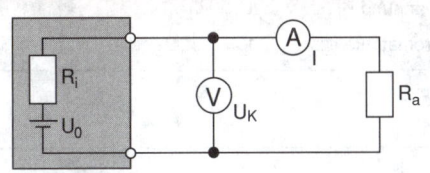

R_i Innenwiderstand der Spannungsquelle
U_0 Urspannung der Spannungsquelle
I Stromstärke
R_a Außenwiderstand
U_K Klemmenspannung

Leerlauf: $R_a \to \infty$ $I = 0$ $U_K = U_0$

Kurzschluß: $R_a \to 0$ $I = \dfrac{U_0}{R_i}$ $U_K \to 0$

Anpassung (maximale Leistung): $R_a = R_i$

Spannungsquelle (aktiver Zweipol)   Außenwiderstand (passiver Zweipol)

Für die Klemmenspannung gilt: $U_K = U_0 - (I \cdot R_i)$

Für die Stromstärke gilt: $I = \dfrac{U_0}{R_i + R_a}$

Spannungsteilerschaltung (Potentiometerschaltung)

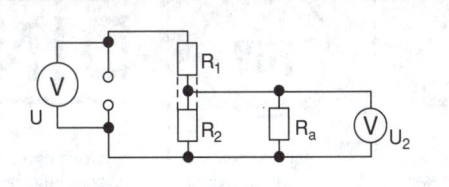

U Gesamtspannung
U_2 Teilspannung
R_1, R_2 Teilwiderstände
R_a Lastwiderstand

$$\frac{U_2}{U} = \frac{R_2}{R_1 + R_2 + \dfrac{R_1 \cdot R_2}{R_a}}$$

Arbeitslehre/Technik

Brückenschaltung (WHEATSTONEsche Brücke)

U — Gesamtspannung
I — Stromstärke in der Brücke
R_1, R_2, R_3, R_4 — Teilwiderstände

Abgleichbedingung:
$I = 0$
$$\frac{R_1}{R_2} = \frac{R_3}{R_4}$$

Stromrichtige Meßschaltung

$U_R = U - I \cdot R_{st}$

Korrektur nicht erforderlich, wenn $R_{st} \ll R$.

Spannungsrichtige Meßschaltung

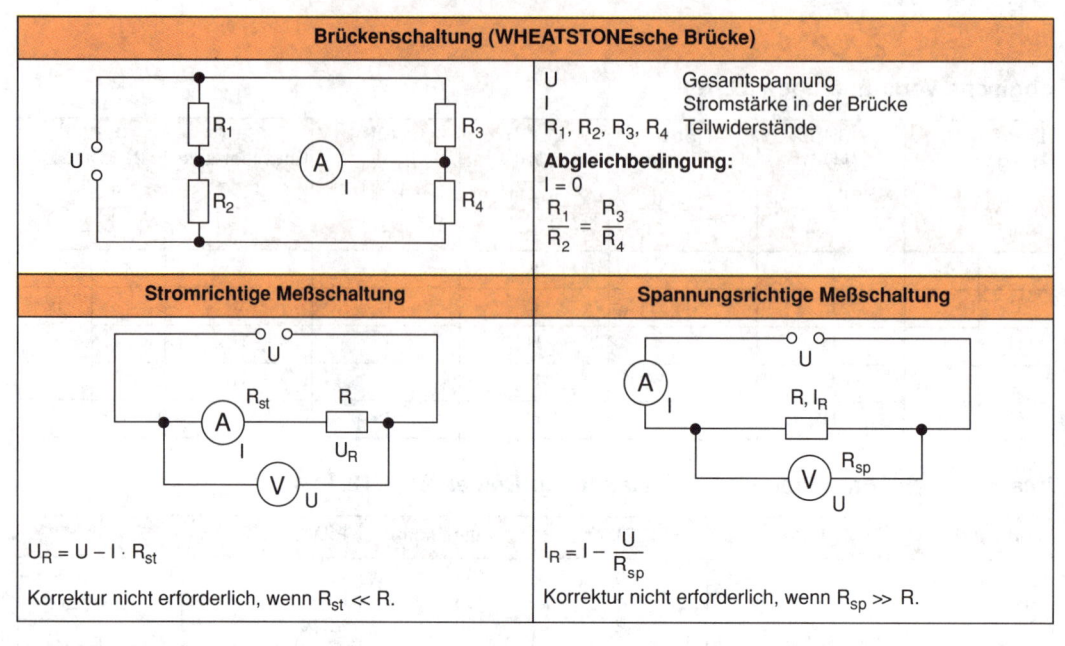

$I_R = I - \dfrac{U}{R_{sp}}$

Korrektur nicht erforderlich, wenn $R_{sp} \gg R$.

Schaltungen im Drehstromnetz

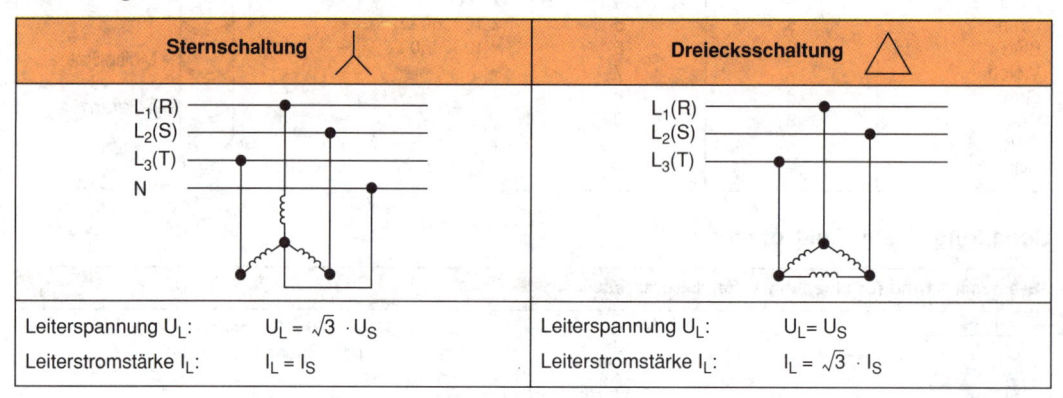

Sternschaltung

Leiterspannung U_L: $U_L = \sqrt{3} \cdot U_S$
Leiterstromstärke I_L: $I_L = I_S$

Dreiecksschaltung

Leiterspannung U_L: $U_L = U_S$
Leiterstromstärke I_L: $I_L = \sqrt{3} \cdot I_S$

Sicherheits- und Schutzzeichen

Geprüfte Sicherheit	Funkentstörte Geräte
Tropfwassergeschützt	Kurzzeitbetrieb 10 Minuten
Starkstrom	Schutzisolierte Geräte
Feuergefährlich	Verband Deutscher Elektrotechniker
Technischer Überwachungsverein	Deutsche Industrienorm

Arbeitslehre/Technik

Metall

Anlaßfarben von Werkzeugstahl

Anlaß-farbe	Weiß-gelb	Stroh-gelb	Gold-gelb	Gelb-braun	Braun-rot	Rot	Pur-purrot	Violett	Dunkel-blau	Korn-blumen-blau	Hell-blau	Blau-grau	Grau
Temperatur ϑ in °C	200	220	230	240	250	260	270	280	290	300	320	340	360

Glühfarben von Werkzeugstahl

Glüh-farbe	Dunkel-braun	Braun-rot	Dunkel-rot	Dunkel-kirsch-rot	Kirsch-rot	Hell-kirsch-rot	Hell-rot	gut Hell-rot	Gelb-rot	Hell-gelb-rot	Gelb	Hell-gelb	Gelb-weiß
Temperatur ϑ in °C	550	630	680	740	780	810	850	900	950	1000	1100	1200	1300

Getriebe

Übersetzungs-verhältnis i	$i = \dfrac{n_1}{n_2}$	n_1	Drehzahl des antreibenden Rades
		n_2	Drehzahl des angetriebenen Rades
Zahnradgetriebe	$i = \dfrac{z_2}{z_1}$	z_1	Zähnezahl des antreibenden Rades
		z_2	Zähnezahl des angetriebenen Rades
Reibradgetriebe	$i = \dfrac{d_2}{d_1}$	d_1	Durchmesser des antreibenden Rades
Gesamtübersetzung i_{ges}	$i_{ges} = i_1 \cdot i_2 \cdot \ldots \cdot i_n$	d_2	Durchmesser des angetriebenen Rades

Technisches Zeichnen

Linien

Linienart	Bezeichnung	Liniengruppe I	II	III	IV	Verwendung
		Linienbreite in mm				
————	Breite Vollinie	0,5	0,7	1,0	1,4	Begrenzung von Schnittflächen
———	Schmale Vollinie	0,265	0,35	0,5	0,7	Sichtbare Kanten und Umrisse
———	Feine Vollinie	0,18	0,25	0,35	0,5	Maßlinien, Maßhilfslinien, Hinweislinien, Bezugslinien, Schraffurlinie
- - - - -	Schmale Strichlinie	0,25	0,35	0,5	0,5	Verdeckte Kanten und Umrisse
—·—·—	Breite Strichpunktlinie	0,5	0,7	1,0	1,4	Kennzeichnung des Schnittverlaufs
—·—·—	Feine Strichpunktlinie	0,18	0,25	0,35	0,5	Mittellinien, Adern
··········	Punktlinie	0,25	0,35	0,5	0,7	Bauteile vor oder über der Schnittebene
~~	Freihandlinie					Bruchlinien

Arbeitslehre/Technik

Stoffkennzeichnende Schraffur

Stoffart	Schraffur	Stoffart	Schraffur	Stoffart	Schraffur
Metall		Glas		Kunststoff Gummi	
Holz Faser quer		Holz Faser längs		Flüssigkeiten	
Beton		Stahlbeton		Dämmstoffe	
Sand		Kies		Boden	
Tür		Fenster		Esse	oder

Papierformate

Format	A0	A1	A2	A3	A4	A5	A6
Maße in mm	841 × 1189	594 × 841	420 × 594	297 × 420	210 × 297	148 × 210	105 × 148

Standardisierte Maßstäbe   Auswahl

Vergrößerung	Natur	Verkleinerung
500 : 1 200 : 1 100 : 1 50 : 1 20 : 1 10 : 1 5 : 1 2 : 1	1 : 1	1 : 2 1 : 5 1 : 10 1 : 20 1 : 50 1 : 100 1 : 200 1 : 500

Perspektivische Körperdarstellung

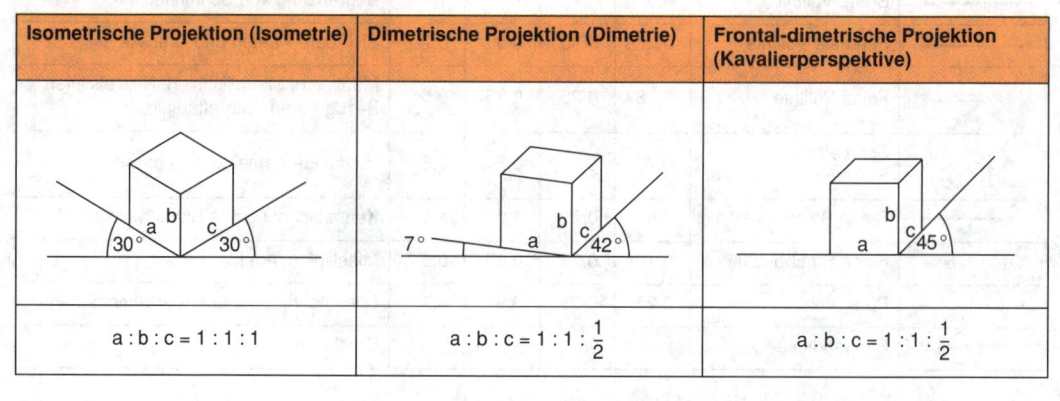

Isometrische Projektion (Isometrie)	Dimetrische Projektion (Dimetrie)	Frontal-dimetrische Projektion (Kavalierperspektive)
$a : b : c = 1 : 1 : 1$	$a : b : c = 1 : 1 : \frac{1}{2}$	$a : b : c = 1 : 1 : \frac{1}{2}$

Physik

Erhaltungssätze

Satz von der Erhaltung der Energie	Unter der Bedingung reibungsfreier mechanischer Vorgänge gilt: $E_{pot} + E_{kin}$ = konstant	E_{pot} E_{kin}	potentielle Energie kinetische Energie
	Für beliebige Vorgänge gilt: $E_1 + E_2 + ... + E_n$ = konstant	$E_1, E_2, ...$	verschiedene Energieformen
Satz von der Erhaltung der Masse	Unter der Bedingung $v \ll c$ gilt für Körper: $m_1 + m_2 + ... + m_n$ = konstant	v c $m_1, m_2, ...$	Geschwindigkeit der Körper Lichtgeschwindigkeit (S. 11) Massen der Körper
Satz von der Erhaltung der Ladung	Unter der Bedingung eines abgeschlossenen Bereiches gilt: $Q_1 + Q_2 + ... + Q_n$ = konstant	$Q_1, Q_2, ...$	Ladungen der Körper

Mechanik

Kräfte in der Mechanik

Gewichtskraft F_G	$F_G = m \cdot g$	m g	Masse Fallbeschleunigung (S. 11)
Reibungskraft F_R	$F_R = \mu \cdot F_N$	μ F_N	Reibungszahl (S. 12) Normalkraft
Radialkraft F_r	$F_r = m \cdot \dfrac{v^2}{r}$ $\quad$ $F_r = m \cdot \dfrac{4\pi^2}{T^2} \cdot r$	v r T	Bahngeschwindigkeit Kreisbahnradius Umlaufzeit
Federspannkraft F_s	$F_s = D \cdot s$	D s	Federkonstante Längenänderung der Feder
Auftriebskraft F_A	$F_A = \rho \cdot V \cdot g$	ρ V	Dichte (S. 11 f.) Volumen

Zusammensetzung und Zerlegung von Kräften

$F = F_1 + F_2 \qquad F = F_1 - F_2 \qquad F = \sqrt{F_1^2 + F_2^2} \qquad F = \sqrt{F_1^2 + F_2^2 + 2 F_1 \cdot F_2 \cdot \cos\alpha}$

NEWTONsche Gesetze

1. NEWTONsches Gesetz (Trägheitsgesetz)	Unter der Bedingung daß die äußeren Kräfte Null sind, gilt: $\vec{v}$ = konstant	v	Geschwindigkeit
2. NEWTONsches Gesetz (NEWTONsches Grundgesetz)	$\vec{F} = m \cdot \vec{a}$	F m a	Kraft Masse Beschleunigung
3. NEWTONsches Gesetz (Wechselwirkungsgesetz)	$\vec{F}_1 = -\vec{F}_2$		

Ph 1

Physik

Drehmoment und Gleichgewichte

Drehmoment M	Unter der Bedingung $\vec{r} \perp \vec{F}$ gilt: $M = r \cdot F$	r F	Hebelarm Kraft
Gleichgewicht am Hebel	$\vec{M}_1 + \vec{M}_2 = 0$ $M_{links} = M_{rechts}$	$\vec{M}_1, \vec{M}_2 \ldots$	Drehmomente
Kräftegleichgewicht	$\vec{F}_1 + \vec{F}_2 + \ldots + \vec{F}_n = 0$	$\vec{F}_1, \vec{F}_2, \ldots$	Kräfte

Kraftumformende Einrichtungen

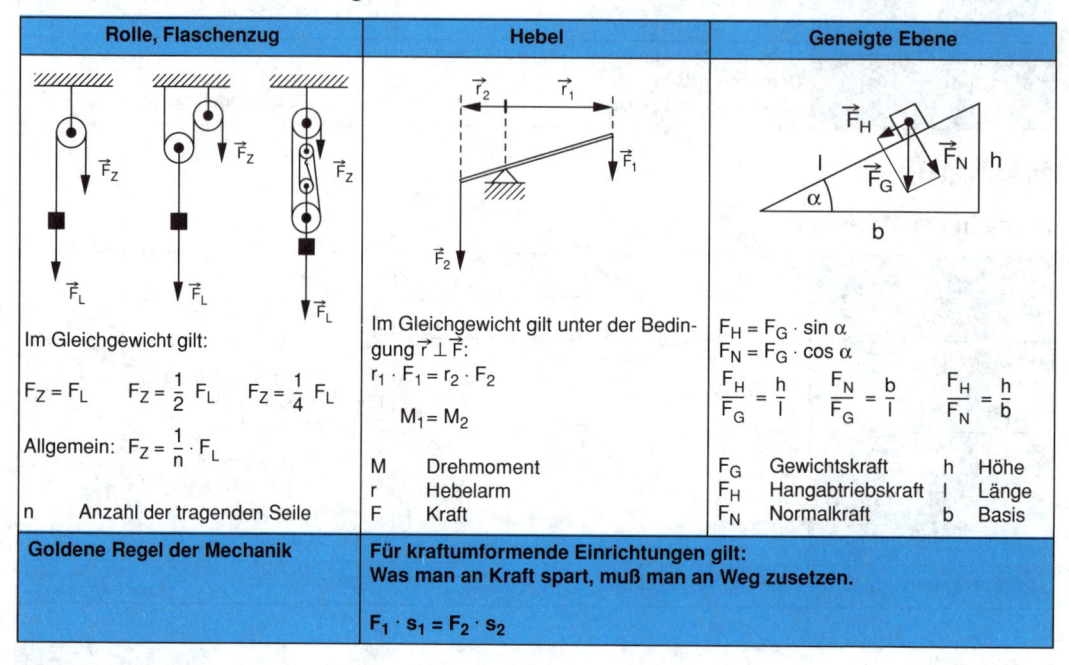

Rolle, Flaschenzug	Hebel	Geneigte Ebene
Im Gleichgewicht gilt: $F_Z = F_L$ $F_Z = \frac{1}{2} F_L$ $F_Z = \frac{1}{4} F_L$ Allgemein: $F_Z = \frac{1}{n} \cdot F_L$ n Anzahl der tragenden Seile	Im Gleichgewicht gilt unter der Bedingung $\vec{r} \perp \vec{F}$: $r_1 \cdot F_1 = r_2 \cdot F_2$ $M_1 = M_2$ M Drehmoment r Hebelarm F Kraft	$F_H = F_G \cdot \sin \alpha$ $F_N = F_G \cdot \cos \alpha$ $\frac{F_H}{F_G} = \frac{h}{l}$ $\frac{F_N}{F_G} = \frac{b}{l}$ $\frac{F_H}{F_N} = \frac{h}{b}$ F_G Gewichtskraft h Höhe F_H Hangabtriebskraft l Länge F_N Normalkraft b Basis
Goldene Regel der Mechanik	**Für kraftumformende Einrichtungen gilt:** **Was man an Kraft spart, muß man an Weg zusetzen.** $F_1 \cdot s_1 = F_2 \cdot s_2$	

Gleichförmige und gleichmäßig beschleunigte Bewegung

Geradlinig gleichförmige Bewegung	$s = v \cdot t$ $v = \frac{\Delta s}{\Delta t}$ $a = 0$		s Weg v Geschwindigkeit a Beschleunigung t Zeit
Gleichförmige Kreisbewegung	$v = \frac{2\pi \cdot r}{T}$ $v = 2\pi \, r n$	$a_r = \frac{v^2}{r}$	r Radius T Umlaufzeit n Drehzahl a_r Radialbeschleunigung

Physik

Gleichmäßig beschleunigte Bewegung

$s = \frac{a}{2} \cdot t^2 + v_0 \cdot t + s_0$

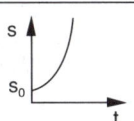

$v = a \cdot t + v_0$

$a = \frac{\Delta v}{\Delta t}$

Unter der Bedingung $s_0 = 0$ und $v_0 = 0$ gilt:

$s = \frac{a}{2} \cdot t^2$

$v = a \cdot t$

Für den freien Fall im Vakuum gilt:

$s = \frac{g}{2} \cdot t^2$

$v = g \cdot t$

s	Weg
s_0	Anfangsweg
v	Geschwindigkeit
v_0	Anfangsgeschwindigkeit
a	Beschleunigung
t	Zeit
g	Fallbeschleunigung (S. 11)

Zusammensetzung von Geschwindigkeiten

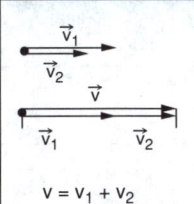

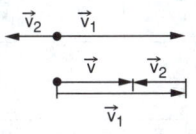

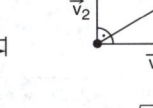

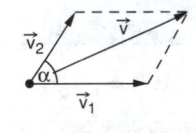

$v = v_1 + v_2$

$v = v_1 - v_2$

$v = \sqrt{v_1^2 + v_2^2}$

$v = \sqrt{v_1^2 + v_2^2 + 2 v_1 \cdot v_2 \cdot \cos \alpha}$

Würfe

Senkrechter Wurf

$y = -\frac{g}{2} \cdot t^2 \pm v_0 \cdot t$

$v = -g \cdot t \pm v_0$

Steigzeit: $t_h = \frac{v_0}{g}$ Steighöhe: $s_h = \frac{v_0^2}{2g}$

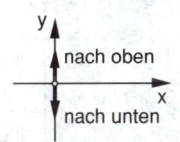

nach oben
nach unten

Waagerechter Wurf

$x = v_0 \cdot t$ $y = -\frac{g}{2} \cdot t^2$

$v = \sqrt{v_0^2 + g^2 \cdot t^2}$

Wurfparabel: $y = -\frac{g}{2 v_0^2} \cdot x^2$

v	Geschwindigkeit
v_0	Anfangsgeschwindigkeit
g	Fallbeschleunigung (S. 11)
t	Zeit

Schräger Wurf

$x = v_0 \cdot t \cdot \cos \alpha$

$y = -\frac{g}{2} \cdot t^2 + v_0 \cdot t \cdot \sin \alpha$

$v = \sqrt{v_0^2 + g^2 \cdot t^2 - 2 v_0 \cdot g \cdot t \cdot \sin \alpha}$

Wurfparabel: $y = \tan \alpha \cdot x - \frac{g}{2 v_0^2 \cdot \cos^2 \alpha} \cdot x^2$

Wurfweite: $s_w = \frac{v_0^2 \cdot \sin 2\alpha}{g}$

Wurfhöhe: $s_h = \frac{v_0^2 \cdot \sin^2 \alpha}{2g}$

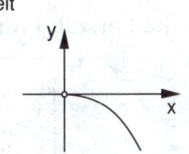

α Abwurfwinkel

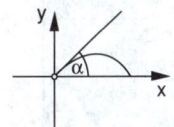

Physik

Mechanische Arbeit

Mechanische Arbeit W	Unter der Bedingung $\vec{F}$ = konstant und $\sphericalangle(\vec{F}, \vec{s}) = 0$ gilt: $W = F \cdot s$	F	Kraft
		s	Weg
	Unter der Bedingung $\vec{F}$ = konstant gilt: $W = F \cdot s \cdot \cos \alpha$		
Hubarbeit	$W = F_G \cdot s$	F_G	Gewichtskraft
Beschleunigungsarbeit	$W = F_B \cdot s$	F_B	Beschleunigende Kraft
Reibungsarbeit	$W = F_R \cdot s$	F_R	Reibungskraft
Federspannarbeit	$W = \frac{1}{2} F_E \cdot s = \frac{1}{2} D \cdot s^2$	F_E	Endkraft (maximale Kraft)
		D	Federkonstante
Arbeit im Gravitationsfeld	$W = G \cdot m_1 \cdot m_2 \left(\frac{1}{r_1} - \frac{1}{r_2}\right)$	G	Gravitationskonstante (S. 11)
		m_1, m_2	Massen der Körper
		r_1, r_2	Abstände der Massenmittelpunkte voneinander

Mechanische Energie

Potentielle Energie E_{pot} (Energie der Lage)	eines Körpers in der Nähe der Erdoberfläche: $E_{pot} = F_G \cdot h$ $E_{pot} = m \cdot g \cdot h$	F_G	Gewichtskraft
		h	Höhe
		m	Masse
		g	Fallbeschleunigung (S. 11)
	einer gespannten Feder: $E_{pot} = \frac{1}{2} F_E \cdot s$	F_E	Endkraft (maximale Kraft)
		s	Dehnung der Feder
Kinetische Energie E_{kin} (Energie der Bewegung)	eines bewegten starren Körpers: $E_{kin} = \frac{1}{2} m \cdot v^2$	v	Geschwindigkeit
	eines rotierenden starren Körpers: $E_{kin} = \frac{1}{2} J \cdot \omega^2$	J	Trägheitsmoment
		ω	Winkelgeschwindigkeit

Mechanische Leistung und Wirkungsgrad

Mechanische Leistung P	$P = \frac{\Delta W}{\Delta t}$ $P = \frac{W}{t}$	W	verrichtete Arbeit
		t	Zeit
	Unter der Bedingung v = konstant und F = konstant gilt:	F	Kraft
		s	Weg
	$P = \frac{F \cdot s}{t} = F \cdot v$	v	Geschwindigkeit
Wirkungsgrad η	$\eta = \frac{E_{ab}}{E_{zu}}$ $\eta = \frac{W_{ab}}{W_{zu}}$ $\eta = \frac{P_{ab}}{P_{zu}}$	E_{ab}, W_{ab}, P_{ab}	abgegebene (nutzbare) Energie, Arbeit, Leistung
		E_{zu}, W_{zu}, P_{zu}	zugeführte (aufgewendete) Energie, Arbeit, Leistung
Gesamtwirkungsgrad η_G	$\eta_G = \eta_1 \cdot \eta_2 \cdot \ldots \cdot \eta_n$	$\eta_1, \eta_2, \ldots$	Teilwirkungsgrade

Physik

Dichte und Druck

Dichte ρ	$\rho = \dfrac{m}{V}$	m Masse V Volumen F Kraft A Fläche
Druck p	$p = \dfrac{F}{A}$ $(F \perp A)$	
Schweredruck p	$p = \dfrac{F_G}{A} = \dfrac{m \cdot g}{A}$ $p = \rho \cdot h \cdot g$	ρ Dichte der Flüssigkeit oder des Gases (S. 11 f.) h Höhe g Fallbeschleunigung (S. 11) p Druck
Auftriebskraft F_A	$F_A = \rho \cdot V \cdot g$	
Hydraulische und pneumatische Anlagen	$\dfrac{F_1}{A_1} = \dfrac{F_2}{A_2}$	F_1, F_2 Kräfte an den Kolben A_1, A_2 Flächeninhalte der Querschnittsflächen der Kolben

Strömende Flüssigkeiten und Gase

Kontinuitätsgleichung	$A_1 \cdot v_1 = A_2 \cdot v_2$ $\dfrac{\Delta m}{\Delta t}$ = konstant	
BERNOULLIsche Gleichung	$p_s + p + p_{St}$ = konstant $p_s + \rho \cdot g \cdot h + \dfrac{1}{2} \rho \cdot v^2$ = konstant	A Fläche v Geschwindigkeit der Strömung m Masse t Zeit p_s statischer Druck p Schweredruck p_{St} Staudruck ρ Dichte (S. 11 f.) g Fallbeschleunigung (S. 11) h Höhe
Strömungswiderstandskraft F_{WL} bei Körpern	$F_{WL} = \dfrac{1}{2} c_w \cdot A \cdot \rho \cdot v^2$	v Geschwindigkeit der Strömung bzw. des Körpers c_w Luftwiderstandszahl (S. 12) A umströmende Querschnittsfläche ρ Dichte (S. 11 f.)

Ph1

Physik

Mechanische Schwingungen und Wellen

Weg-Zeit-Gesetz einer harmonischen Schwingung	$y = \hat{y} \cdot \sin(\omega \cdot t)$	y $\hat{y}$ t ω	Auslenkung Amplitude Zeit Kreisfrequenz
Geschwindigkeit-Zeit-Gesetz einer harmonischen Schwingung	$v = \hat{y} \cdot \omega \cdot \cos(\omega \cdot t)$		
Beschleunigung-Zeit-Gesetz einer harmonischen Schwingung	$a = -\hat{y} \cdot \omega^2 \cdot \sin(\omega \cdot t)$		
Kraftgesetze für harmonische Schwingungen	$F = -D \cdot y$ $M = -D \cdot \sigma$	v a F D M σ m l g	Geschwindigkeit Beschleunigung Kraft Richtgröße (Federkonstante) Drehmoment Winkel Masse Länge Fallbeschleunigung (S. 11)
Energie eines harmonischen Oszillators	$E = \frac{1}{2} D \cdot \hat{y}^2$		
Periodendauer T	Unter der Bedingung kleiner Auslenkwinkel gilt:		
eines Fadenpendels	$T = 2\pi \sqrt{\frac{l}{g}}$		
eines Federschwingers	$T = 2\pi \sqrt{\frac{m}{D}}$		
Wellengleichung	$y = \hat{y} \cdot \sin 2\pi \left(\frac{t}{T} - \frac{x}{\lambda} \right)$	y $\hat{y}$ t x λ T	Auslenkung Amplitude Zeit Ort Wellenlänge Periodendauer

Entstehung von mechanischen Schwingungen und Ausbreitung von mechanischen Wellen

Grundfrequenz f einer schwingenden Saite	$f = \frac{1}{2l} \sqrt{\frac{F}{\rho \cdot A}}$	l F ρ A c	Länge der Saite bzw. Länge der schwingenden Luftsäule Spannkraft Dichte (S. 11 f.) Querschnittsfläche Schallgeschwindigkeit (S. 12)
einer offenen Pfeife	$f = \frac{c}{2l}$		
einer geschlossenen Pfeife	$f = \frac{c}{4l}$		
Ausbreitungsgeschwindigkeit c von Wellen (Phasengeschwindigkeit)	$c = \lambda \cdot f$	λ f	Wellenlänge Frequenz
Schallintensität I	$I = \frac{E}{t \cdot A}$ $I = \frac{P}{A}$	E t A P	Schallenergie Zeit Flächeninhalt, durch den die Energie E transportiert wird Leistung
Lautstärkepegel L_N	$L_N = 10 \cdot \lg \frac{I}{I_0}$	I_0	Schallintensität bei der Hörschwelle (10^{-12} W · m^{-2} bei 1000 Hz)
Schalldruckpegel L_A	$L_A = 20 \cdot \lg \frac{p}{p_0}$	p p_0	Schalldruck Schalldruck bei der Hörschwelle ($2 \cdot 10^{-10}$ bar bei 1000 Hz)

Physik

Gravitation und Bewegungen im Gravitationsfeld

Gravitationsgesetz	$F = G \cdot \dfrac{m_1 \cdot m_2}{r^2}$		
Arbeit im Gravitationsfeld	$W = G \cdot m_1 \cdot m_2 \left(\dfrac{1}{r_1} - \dfrac{1}{r_2} \right)$ Im homogenen Feld gilt: $W = m \cdot g \cdot h$	G F m g r_1, r_2 h	Gravitationskonstante (S. 11) Kraft auf einen Körper im Gravitationsfeld Masse Fallbeschleunigung (S. 11) Abstände der Massenmittelpunkte Höhe
1. KEPLERsches Gesetz	Alle Planeten bewegen sich auf elliptischen Bahnen, in deren einem Brennpunkt die Sonne steht.		
2. KEPLERsches Gesetz	Der Quotient aus der von einem Leitstrahl überstrichenen Fläche und der dazu erforderlichen Zeit ist konstant. $\dfrac{A_1}{t_1} = \dfrac{A_2}{t_2} = \dfrac{A}{t} =$ konstant		
3. KEPLERsches Gesetz	$\dfrac{T_1^2}{T_2^2} = \dfrac{a_1^3}{a_2^3}$	Die Quadrate der Umlaufzeiten zweier Planeten verhalten sich wie die dritten Potenzen der großen Halbachsen ihrer Bahnen.	
1. kosmische Geschwindigkeit	$v = \sqrt{\dfrac{G \cdot m}{r}}$ $\quad v_{Erde} = 7{,}9 \; \dfrac{km}{s}$	G m	Gravitationskonstante (S. 11) Masse des Zentralkörpers (der Erde)
2. kosmische Geschwindigkeit	$v = \sqrt{\dfrac{2G \cdot m}{r}}$ $\quad v_{Erde} = 11{,}2 \; \dfrac{km}{s}$	r	Abstand des Körpers vom Mittelpunkt des Zentralkörpers (der Erde)

Wärmelehre

Wärme und Energie

Wärme Q (Wärmemenge)	Unter der Bedingung, daß keine Aggregatzustandsänderung auftritt, gilt: $Q = c \cdot m \cdot \Delta\vartheta \quad Q = c \cdot m \cdot \Delta T$ Bei Gasen ist zu unterscheiden zwischen: c_p für p = konstant c_V für V = konstant	c m ϑ T p V	spezifische Wärmekapazität (S. 13) Masse Temperatur in °C Temperatur in K Druck Volumen
Wärmekapazität C_{th} (Wärmeinhalt eines Körpers)	$C_{th} = \dfrac{Q}{\Delta\vartheta}$ $C_{th} = c \cdot m$		
Verbrennungswärme Q	$Q = H \cdot m$ Für gasförmige Stoffe gilt auch: $Q = H' \cdot V_n$	H H' V_n	Heizwert (S.15) Heizwert in MJ · l^{-1} (S.15) Volumen im Normzustand
Leistung von Wärmequellen P_{th} (thermische Leistung)	$P_{th} = \dfrac{Q_{ab}}{t}$	Q_{ab} t	abgegebene (nutzbare) Wärme Zeit
Wirkungsgrad η von Wärmequellen	$\eta = \dfrac{Q_{ab}}{Q_{zu}}$	Q_{zu}	zugeführte (aufgewandte) Wärme

Physik

1. Hauptsatz der Wärmelehre	$\Delta U = Q + W$	U	innere Energie (thermische Energie)
		Q	Wärme
		W	Arbeit
2. Hauptsatz der Wärmelehre	Wärme kann niemals von selbst von einem Körper niederer Temperatur auf einen Körper höherer Temperatur übergehen.		

Wärmeübertragung und Wärmeaustausch

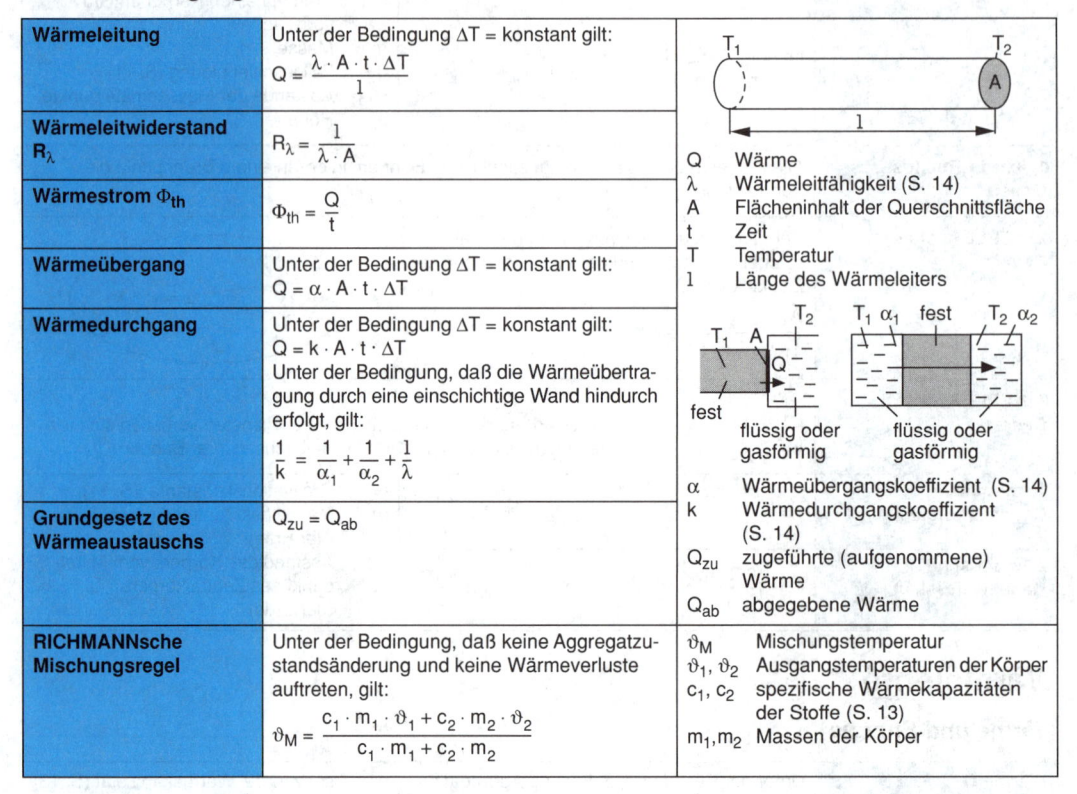

Wärmeleitung	Unter der Bedingung ΔT = konstant gilt: $Q = \dfrac{\lambda \cdot A \cdot t \cdot \Delta T}{l}$		
Wärmeleitwiderstand R_λ	$R_\lambda = \dfrac{1}{\lambda \cdot A}$	Q	Wärme
		λ	Wärmeleitfähigkeit (S. 14)
		A	Flächeninhalt der Querschnittsfläche
Wärmestrom Φ_{th}	$\Phi_{th} = \dfrac{Q}{t}$	t	Zeit
		T	Temperatur
		l	Länge des Wärmeleiters
Wärmeübergang	Unter der Bedingung ΔT = konstant gilt: $Q = \alpha \cdot A \cdot t \cdot \Delta T$		
Wärmedurchgang	Unter der Bedingung ΔT = konstant gilt: $Q = k \cdot A \cdot t \cdot \Delta T$ Unter der Bedingung, daß die Wärmeübertragung durch eine einschichtige Wand hindurch erfolgt, gilt: $\dfrac{1}{k} = \dfrac{1}{\alpha_1} + \dfrac{1}{\alpha_2} + \dfrac{1}{\lambda}$	α	Wärmeübergangskoeffizient (S. 14)
		k	Wärmedurchgangskoeffizient (S. 14)
Grundgesetz des Wärmeaustauschs	$Q_{zu} = Q_{ab}$	Q_{zu}	zugeführte (aufgenommene) Wärme
		Q_{ab}	abgegebene Wärme
RICHMANNsche Mischungsregel	Unter der Bedingung, daß keine Aggregatzustandsänderung und keine Wärmeverluste auftreten, gilt: $\vartheta_M = \dfrac{c_1 \cdot m_1 \cdot \vartheta_1 + c_2 \cdot m_2 \cdot \vartheta_2}{c_1 \cdot m_1 + c_2 \cdot m_2}$	ϑ_M	Mischungstemperatur
		ϑ_1, ϑ_2	Ausgangstemperaturen der Körper
		c_1, c_2	spezifische Wärmekapazitäten der Stoffe (S. 13)
		m_1, m_2	Massen der Körper

Thermisches Verhalten von Körpern

Aggregatzustandsänderungen

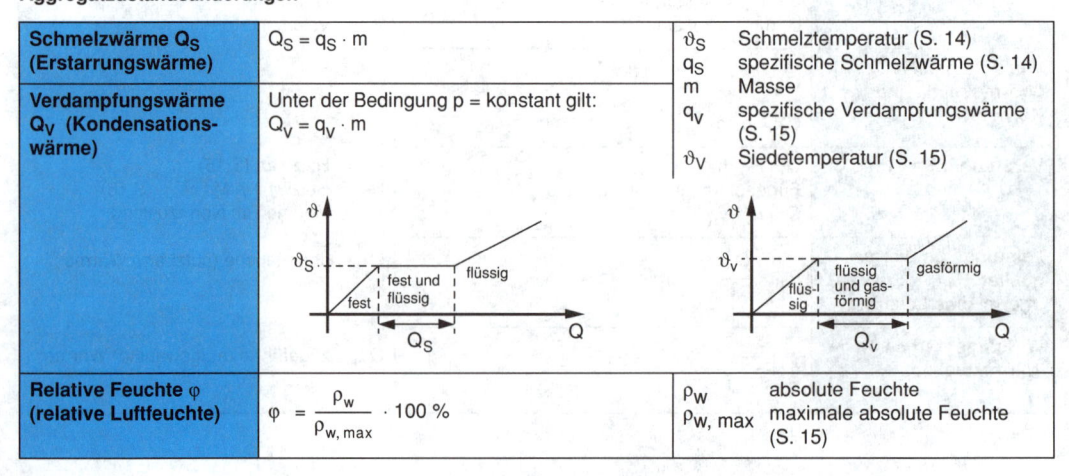

Schmelzwärme Q_S (Erstarrungswärme)	$Q_S = q_S \cdot m$	ϑ_S	Schmelztemperatur (S. 14)
		q_S	spezifische Schmelzwärme (S. 14)
		m	Masse
Verdampfungswärme Q_V (Kondensationswärme)	Unter der Bedingung p = konstant gilt: $Q_V = q_V \cdot m$	q_V	spezifische Verdampfungswärme (S. 15)
		ϑ_V	Siedetemperatur (S. 15)
Relative Feuchte φ (relative Luftfeuchte)	$\varphi = \dfrac{\rho_w}{\rho_{w,max}} \cdot 100\,\%$	ρ_w	absolute Feuchte
		$\rho_{w,max}$	maximale absolute Feuchte (S. 15)

Physik

Thermisches Verhalten fester, flüssiger und gasförmiger Körper

Längenänderung fester Körper Δl	$\Delta l = \alpha \cdot l_0 \cdot \Delta \vartheta$	α	Längenausdehnungskoeffizient (S. 13)
Volumenänderung fester und flüssiger Körper ΔV	$\Delta V = \gamma \cdot V_0 \cdot \Delta \vartheta$ Für feste Körper gilt: $\gamma = 3 \cdot \alpha$	l_0 ϑ γ	Ausgangslänge Temperatur Volumenausdehnungskoeffizient (S. 13)
Volumenänderung realer Gase (Gesetz von GAY-LUSSAC)	Unter der Bedingung p = konstant gilt: $\Delta V = \gamma \cdot V_0 \cdot \Delta \vartheta$	V_0 p	Ausgangsvolumen Druck
Thermische Zustandsgleichung des idealen Gases	Unter der Bedingung m = konstant gilt: $\dfrac{p \cdot V}{T} = $ konstant $\quad \dfrac{p_1 \cdot V_1}{T_1} = \dfrac{p_2 \cdot V_2}{T_2}$	V p T	Volumen Druck Temperatur
Isotherme Zustandsänderung (Gesetz von BOYLE-MARIOTTE)	Unter der Bedingung T = konstant gilt: $p \cdot V = $ konstant $\quad p_1 \cdot V_1 = p_2 \cdot V_2$		
Isobare Zustandsänderung (Gesetz von GAY-LUSSAC)	Unter der Bedingung p = konstant gilt: $\dfrac{V}{T} = $ konstant $\quad \dfrac{V_1}{T_1} = \dfrac{V_2}{T_2}$		
Isochore Zustandsänderung (Gesetz von AMONTONS)	Unter der Bedingung V = konstant gilt: $\dfrac{p}{T} = $ konstant $\quad \dfrac{p_1}{T_1} = \dfrac{p_2}{T_2}$		

Elektrizitätslehre

Einfacher Gleichstromkreis

Elektrische Spannung U	$U = \dfrac{W}{Q}$	W	Arbeit
Elektrische Ladung Q	$Q = N \cdot e$	N e t	Anzahl der Elektronen Elementarladung (S. 11) Zeit
Elektrische Stromstärke I	$I = \dfrac{\Delta Q}{\Delta t}$ Unter der Bedingung I = konstant gilt: $I = \dfrac{Q}{t}$		
Elektrischer Widerstand R	$R = \dfrac{U}{I}$		
Elektrischer Leitwert G	$G = \dfrac{1}{R}$	U_0	Urspannung der Spannungsquelle
Elektrische Leistung P	$P = U \cdot I$		
Elektrische Arbeit W	$W = P \cdot t = U \cdot I \cdot t$		
OHMsches Gesetz	Unter der Bedingung ϑ = konstant gilt: $I \sim U, \quad \dfrac{U}{I} = $ konstant		
Widerstandsgesetz	Unter der Bedingung ϑ = konstant gilt: $R = \dfrac{\rho \cdot l}{A}$	ϑ ρ l A	Temperatur spezifischer elektrischer Widerstand (S. 16) Länge des Leiters Flächeninhalt der Querschnittsfläche
Elektrische Leitfähigkeit γ	$\gamma = \dfrac{1}{\rho}$		

Physik

Unverzweigter und verzweigter Gleichstromkreis

Reihenschaltung von Widerständen	Parallelschaltung von Widerständen
(Schaltbild)	(Schaltbild)
$I = I_1 = I_2$	$I = I_1 + I_2$
$U = U_1 + U_2$	$U = U_1 = U_2$
$R = R_1 + R_2$	$\dfrac{1}{R} = \dfrac{1}{R_1} + \dfrac{1}{R_2}$
Spannungsteilerregel: $\dfrac{U_1}{U_2} = \dfrac{R_1}{R_2} \qquad \dfrac{U_1}{U} = \dfrac{R_1}{R}$	Stromteilerregel: $\dfrac{I_1}{I_2} = \dfrac{R_2}{R_1} \qquad \dfrac{I_1}{I} = \dfrac{R}{R_1}$
Reihenschaltung von Spannungsquellen	**Parallelschaltung von Spannungsquellen**
(Schaltbild)	(Schaltbild)
$U = U_1 + U_2$	Unter der Bedingung gleicher Spannungsquellen gilt: $U = U_1 = U_2$

Elektrisches Feld

COULOMBsches Gesetz	Unter der Bedingung, daß Punktladungen vorliegen, gilt: $F = \dfrac{1}{4\pi \cdot \varepsilon_0 \cdot \varepsilon_r} \dfrac{Q_1 \cdot Q_2}{r^2}$	F ε_0 ε_r r	Kraft elektrische Feldkonstante (S. 11) Dielektrizitätszahl (S. 16) Abstand der Punktladungen voneinander
Elektrische Feldstärke E	$\vec{E} = \dfrac{\vec{F}}{Q}$ Unter der Bedingung eines homogenen elektrischen Feldes gilt: $E = \dfrac{U}{s}$	Q U s	Ladung Spannung Abstand der Punkte, zwischen denen die Spannung U besteht
Dielektrizitätskonstante ε	$\varepsilon = \varepsilon_0 \cdot \varepsilon_r$		

Physik

Kondensatoren

Kapazität C eines Kondensators	$C = \dfrac{Q}{U}$	
Kapazität C eines Plattenkondensators	$C = \varepsilon_0 \cdot \varepsilon_r \cdot \dfrac{A}{d}$	
Durchschlagsfestigkeit E_d	$E_d = \dfrac{U}{d}$	
Elektrische Feldstärke E eines Plattenkondensators	$E = \dfrac{U}{d}$	Q Ladung U Spannung d Abstand der Platten ε_0 elektrische Feldkonstante (S. 11) ε_r Dielektrizitätszahl (S. 16) A Flächeninhalt
Energie E des elektrischen Feldes eines Kondensators	$E = \dfrac{1}{2} C \cdot U^2$	

Reihenschaltung von Kondensatoren	Parallelschaltung von Kondensatoren
$\dfrac{1}{C} = \dfrac{1}{C_1} + \dfrac{1}{C_2}$	$C = C_1 + C_2$
$U = U_1 + U_2$	$U = U_1 = U_2$

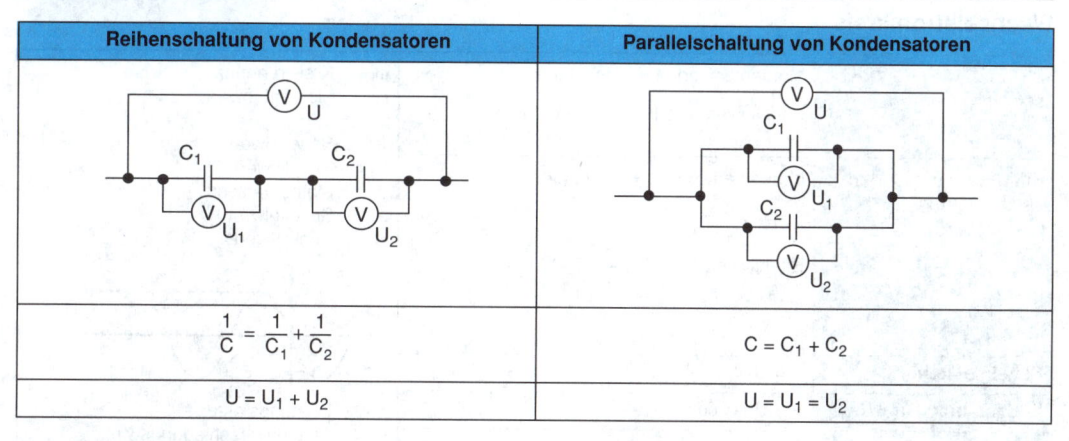

Magnetisches Feld

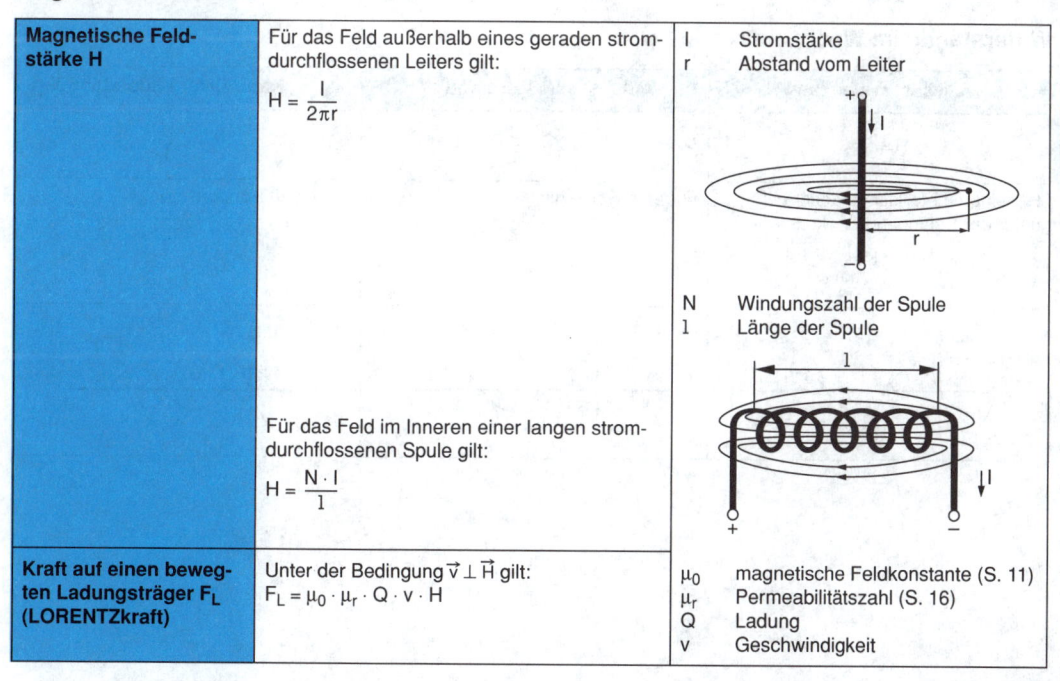

Magnetische Feldstärke H	Für das Feld außerhalb eines geraden stromdurchflossenen Leiters gilt: $H = \dfrac{I}{2\pi r}$ Für das Feld im Inneren einer langen stromdurchflossenen Spule gilt: $H = \dfrac{N \cdot I}{l}$	I Stromstärke r Abstand vom Leiter N Windungszahl der Spule l Länge der Spule
Kraft auf einen bewegten Ladungsträger F_L (LORENTZkraft)	Unter der Bedingung $\vec{v} \perp \vec{H}$ gilt: $F_L = \mu_0 \cdot \mu_r \cdot Q \cdot v \cdot H$	μ_0 magnetische Feldkonstante (S. 11) μ_r Permeabilitätszahl (S. 16) Q Ladung v Geschwindigkeit

Physik

Kraft F auf einen stromdurchflossenen Leiter	Unter der Bedingung $\vec{I} \perp \vec{H}$ gilt: $F = \mu_0 \cdot \mu_r \cdot l \cdot I \cdot H$	l	Länge des Leiters
		H	magnetische Feldstärke
		μ_0	magnetische Feldkonstante (S. 11)
Energie E des magnetischen Feldes einer stromdurchflossenen Spule	$E = \frac{1}{2} L \cdot I^2$	μ_r	Permeabilitätszahl (S. 16)
		I	Stromstärke
		L	Induktivität der Spule
Rechte-Hand-Regel (UVW-Regel)	Richtung des Feldes, Stromrichtung (Bewegungsrichtung positiver Ladungsträger), Kraftrichtung		

Wechselstromkreis

Stromstärke i im Wechselstromkreis	Momentanwert: $i = \hat{i} \cdot \sin(\omega \cdot t)$	ω	Kreisfrequenz
	Effektivwert: $I = \frac{1}{\sqrt{2}} \hat{i} \approx 0{,}7 \cdot \hat{i}$	i	Momentanwert
		t	Zeit
		$\hat{i}$	Scheitelwert
		I	Effektivwert
Spannung u im Wechselstromkreis	Momentanwert: $u = \hat{u} \cdot \sin(\omega \cdot t)$	u	Momentanwert
		$\hat{u}$	Scheitelwert
		U	Effektivwert
	Effektivwert: $U = \frac{1}{\sqrt{2}} \hat{u} \approx 0{,}7 \cdot \hat{u}$		
Scheinleistung S	$S = U \cdot I$		
Wirkleistung P	$P = U \cdot I \cdot \cos \varphi$	$\cos \varphi$	Leistungsfaktor
Blindleistung Q	$Q = U \cdot I \cdot \sin \varphi$	φ	Phasenverschiebungswinkel

Widerstände im Wechselstromkreis

OHMscher Widerstand R	Induktiver Widerstand X_L	Kapazitiver Widerstand X_C
$R = \frac{U}{I}$	$X_L = \frac{U}{I}$	$X_C = \frac{U}{I}$
Für einen metallischen Leiter gilt unter der Bedingung ϑ = konstant $R = \frac{\rho \cdot l}{A}$	Für eine Spule gilt: $X_L = \omega \cdot L$	Für einen Kondensator gilt: $X_C = \frac{1}{\omega \cdot C}$

Physik

	Reihenschaltung von R, X_L und X_C	Parallelschaltung von R, X_L und X_C
Schaltplan		
Zeigerdiagramm		
Blindwiderstand X	$X = \omega \cdot L - \dfrac{1}{\omega \cdot C}$	$\dfrac{1}{X} = \omega \cdot C - \dfrac{1}{\omega \cdot L}$
Scheinwiderstand Z	$Z = \sqrt{R^2 + X^2}$	$\dfrac{1}{Z} = \sqrt{\dfrac{1}{R^2} + \dfrac{1}{X^2}}$
Phasenverschiebung tan φ	$\tan \varphi = \dfrac{X_L - X_C}{R}$	$\tan \varphi = R \left(\dfrac{1}{X_C} - \dfrac{1}{X_L} \right)$

Transformator

Spannungsübersetzung für einen verlustlosen Transformator	Unter der Bedingung $I_2 \to 0$ (Leerlauf) gilt: $\dfrac{U_1}{U_2} = \dfrac{N_1}{N_2}$	
Stromstärkeübersetzung für einen verlustlosen Transformator	Unter der Bedingung $I_2 \to \infty$ (Kurzschluß) gilt: $\dfrac{I_1}{I_2} = \dfrac{N_2}{N_1}$	
Übersetzungsverhältnis ü	$ü = \dfrac{N_1}{N_2}$	
Leistungsübersetzung	$P_1 = P_2 + P_v$ $U_1 \cdot I_1 \cdot \cos \varphi_1 = U_2 \cdot I_2 \cdot \cos \varphi_2 + P_v$ Unter der Bedingung der Vernachlässigung aller Verluste, einer starken Belastung und $\varphi_1 = \varphi_2$ gilt: $U_1 \cdot I_1 = U_2 \cdot I_2$	U Spannung I Stromstärke N Windungszahl P Leistung P_v Verlustleistung φ Phasenverschiebungswinkel zwischen Stromstärke und Spannung P_{ab} abgegebene Leistung P_{zu} zugeführte Leistung
Wirkungsgrad η eines Transformators	$\eta = \dfrac{P_{ab}}{P_{zu}}$	

Leitungsvorgänge in Flüssigkeiten

1. FARADAYsches Gesetz der Elektrolyse	Für elektrisch leitende Flüssigkeiten (Elektrolyte) gilt: $m = c \cdot Q$	m Masse des abgeschiedenen Stoffes c elektrochemisches Äquivalent (S. 15) Q Ladung n Stoffmenge z Wertigkeit des Stoffes N_A AVOGADRO-Konstante (S. 11) e Elementarladung (S. 11)
2. FARADAYsches Gesetz der Elektrolyse	Für elektrisch leitende Flüssigkeiten (Elektrolyte) gilt: $Q = n \cdot z \cdot F$	
FARADAY-Konstante F	$F = N_A \cdot e$	

Physik

Elektromagnetische Schwingungen und Wellen

THOMSONsche Schwingungsgleichung	$T = 2\pi \cdot \sqrt{L \cdot C}$	T L C	Periodendauer Induktivität Kapazität
Eigenfrequenz f eines elektrischen Schwingkreises (ungedämpft)	Unter der Bedingung einer freien und ungedämpften Schwingung (R = 0) gilt: $f = \dfrac{1}{2\pi\sqrt{L \cdot C}}$		
Resonanzbedingung	$f = f_e$	f f_e	Eigenfrequenz Erregerfrequenz
Ausbreitungsgeschwindigkeit c elektromagnetischer Wellen	$c = \lambda \cdot f$	λ f	Wellenlänge (S. 17) Frequenz (S. 17)
Eigenfrequenz f eines Dipols	Für die Grundschwingung eines Dipols gilt: $f = \dfrac{c}{2l}$		
Länge l eines Dipols	Für den optimalen Empfang eines Senders gilt: $l = k \cdot \dfrac{\lambda}{2}$ (k = 1, 2, 3, ...)		

Transistor (npn-Transistor)

Stromstärke	$I_E = I_B + I_C$		
Stromverstärkungsfaktor B	$B = \dfrac{\Delta I_C}{\Delta I_B}$		
Verlustleistung P_V	$P_V = I_C \cdot U_{CE}$	I_E I_B I_C U_{BE} U_{CE}	Emitterstromstärke Basisstromstärke Kollektorstromstärke Basis-Emitter-Spannung Kollektor-Emitter-Spannung

Schwingungen und Wellen

Periodendauer T (Schwingungsdauer)	$T = \dfrac{t}{n}$	t n	Zeit Anzahl der Schwingungen
Frequenz f	$f = \dfrac{1}{T}$		
Kreisfrequenz ω	$\omega = 2\pi \cdot f$		
Auslenkung y bei einer harmonischen Schwingung	$y = \hat{y} \cdot \sin(\omega \cdot t + \varphi_0)$ Unter der Bedingung $\varphi_0 = 0$ gilt: $y = \hat{y} \cdot \sin(\omega \cdot t)$	y $\hat{y}$ φ_0 λ	Auslenkung (Elongation) Amplitude Phasenwinkel Wellenlänge
Ausbreitungsgeschwindigkeit c von Wellen	$c = \lambda \cdot f$		

Physik

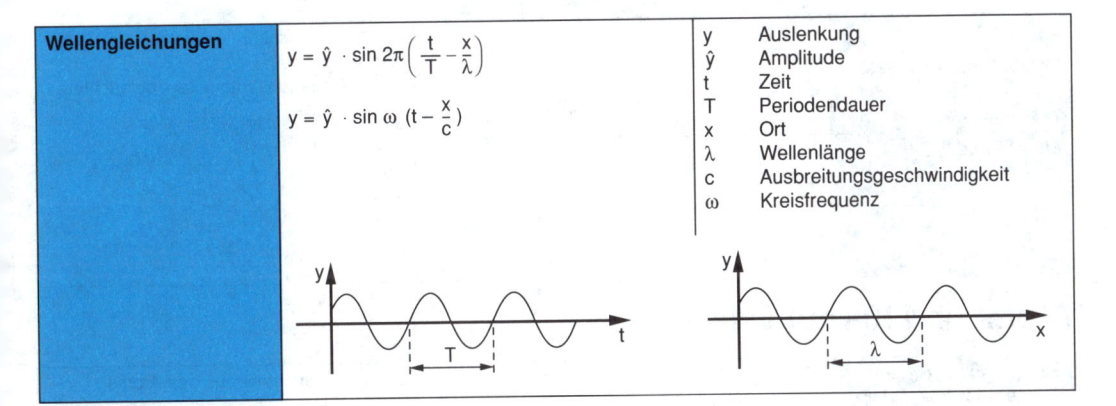

Wellengleichungen	$y = \hat{y} \cdot \sin 2\pi \left(\dfrac{t}{T} - \dfrac{x}{\lambda} \right)$ $y = \hat{y} \cdot \sin \omega \left(t - \dfrac{x}{c} \right)$	y Auslenkung $\hat{y}$ Amplitude t Zeit T Periodendauer x Ort λ Wellenlänge c Ausbreitungsgeschwindigkeit ω Kreisfrequenz

Optik

Reflexionsgesetz	$\alpha = \beta$	α Einfallswinkel β Reflexionswinkel
Brechungsgesetz	$\dfrac{\sin \alpha}{\sin \beta} = \dfrac{c_1}{c_2}$ $\dfrac{\sin \alpha}{\sin \beta} = \dfrac{n_2}{n_1}$ Bezogen auf Vakuum mit $n_1 = 1$ und $n_2 = n$ gilt: $\dfrac{\sin \alpha}{\sin \beta} = n$	α Einfallswinkel β Brechungswinkel c_1, c_2 Lichtgeschwindigkeiten n_1, n_2 absolute Brechzahlen n Brechzahl (S. 17)
Abbildungsgleichung für dünne Linsen und für Spiegel	$\dfrac{1}{f} = \dfrac{1}{g} + \dfrac{1}{b}$	f Brennweite g Gegenstandsweite b Bildweite
Abbildungsmaßstab A für dünne Linsen und für Spiegel	$A = \dfrac{B}{G} = \dfrac{b}{g}$	B Bildgröße G Gegenstandsgröße
Brechwert D von Linsen	$D = \dfrac{1}{f}$ (f in m)	
Vergrößerung V optischer Geräte	$V = \dfrac{\tan \alpha_2}{\tan \alpha_1}$	α_2 Sehwinkel mit optischem Gerät α_1 Sehwinkel ohne optisches Gerät s_0 deutliche Sehweite (25 cm) V_1 Vergrößerung des Objektivs V_2 Vergrößerung des Okulars
Vergrößerung V einer Lupe	$V = \dfrac{s_0}{f}$	
Vergrößerung V eines Mikroskops	$V = V_1 \cdot V_2$ $V = \dfrac{b}{g} \cdot \dfrac{s_0}{f_2}$	
Vergrößerung V eines Fernrohres	$V = \dfrac{f_1}{f_2}$	f_1 Brennweite des Objektivs f_2 Brennweite des Okulars

Physik

Lichtstrom Φ_V	$\Phi_V = \omega \cdot I_V$	$\Phi_V = E \cdot A$	ω	Raumwinkel
Beleuchtungsstärke E	$E = \dfrac{\Phi_V}{A}$	$E = \dfrac{I_V}{r^2}$	A	Fläche
			r	Abstand Lichtquelle – beleuchtete Fläche
Lichtstärke I_V	$I_V = \dfrac{\Phi_V}{\omega}$			
Leuchtdichte L_V	$L_V = \dfrac{I_V}{A}$			

Atom- und Kernphysik

Energiebilanz für emittiertes oder absorbiertes Licht	$\Delta E = E_n - E_m$ $\Delta E = h \cdot f$	E_n, E_m f h	Energieniveaus des Atoms Frequenz des Lichtes PLANCK-Konstante (S. 11)
Relative Atommasse A_r	$A_r = \dfrac{m_A}{u}$	m_A u	Masse des Atoms atomare Masseeinheit
Nukleonenzahl A (Massenzahl)	$A = Z + N$	Z N A	Protonenzahl (Kernladungszahl, Ordnungszahl im Periodensystem) Neutronenzahl Massenzahl
Symbolschreibweise	^A_Z Symbol des Elements (z.B. $^{235}_{92}$U)		
Kernmasse m_k und Massendefekt Δm	$m_k < Z \cdot m_p + N \cdot m_n$ $\Delta m = (Z \cdot m_p + N \cdot m_n) - m_k$	m_p m_n	Masse eines Protons (S. 11) Masse eines Neutrons (S. 11)
Kernbindungsenergie E_B	$E_B = \Delta m \cdot c^2$	c	Lichtgeschwindigkeit (S. 11)
Aktivität A einer radioaktiven Substanz	$A = \dfrac{\Delta N}{\Delta t}$	ΔN Δt	Anzahl der zerfallenen Atome Zeitspanne
Energiedosis D	$D = \dfrac{E}{m}$	E m	von einem Körper aufgenommene Strahlungsenergie Masse des Körpers
Äquivalentdosis H	$H = D \cdot q$	q	Qualitätsfaktor
Zerfallsgesetz	$N = N_0 \cdot e^{-\lambda \cdot t}$ $N = N_0 \cdot \left(\dfrac{1}{2}\right)^{\frac{t}{T_{1/2}}}$	N_0 N λ t $T_{1/2}$ e	Anzahl der zum Zeitpunkt $t = 0$ vorhandenen, nicht zerfallenen Atomkerne Anzahl der nicht zerfallenen Atomkerne Zerfallskonstante Zeit Halbwertszeit (S. 17) EULERsche Zahl (S. 11)

Astronomie

Astronomische Daten

Größe	Sonne	Erde	Mond
Mittlerer Radius	696 000 km	6 371 km	1 738 km
Masse	$1{,}99 \cdot 10^{30}$ kg	$5{,}97 \cdot 10^{24}$ kg	$7{,}35 \cdot 10^{22}$ kg
Mittlere Dichte	$1{,}41 \text{ g} \cdot \text{cm}^{-3}$	$5{,}52 \text{ g} \cdot \text{cm}^{-3}$	$3{,}35 \text{ g} \cdot \text{cm}^{-3}$
Fallbeschleunigung an der Oberfläche	$274 \text{ m} \cdot \text{s}^{-2}$	$9{,}81 \text{ m} \cdot \text{s}^{-2}$	$1{,}62 \text{ m} \cdot \text{s}^{-2}$
Oberflächentemperatur	≈ 6 000 K	−88 °C ... 60 °C	−160 °C ... 130 °C
Mittlere Entfernung	Erde – Sonne: $149{,}6 \cdot 10^6$ km		Erde – Mond: 384 400 km

Physik

Planeten unseres Sonnensystems

Planet	Mittlere Entfernung von der Sonne in 10^6 km	Umlaufzeit um die Sonne in Jahren	Mittlere Bahngeschwindigkeit in km·s^{-1}	Radius in km	Masse in 10^{24} kg	Mittlere Dichte in g·cm^{-3}
Merkur	58	0,24	47,9	2 420	0,32	5,3
Venus	108	0,62	35,0	6 200	4,87	4,95
Erde	149,6	1,00	29,8	6 371	5,97	5,52
Mars	228	1,88	24,1	3 400	0,64	3,95
Jupiter	779	11,84	13,1	71 400	1 900	1,33
Saturn	1 427	29,46	9,6	60 400	569	0,69
Uranus	2 872	84,02	6,8	23 800	87	1,56
Neptun	4 501	164,77	5,4	22 300	103	2,27
Pluto	5 915	247,7	4,7	2 200	0,015	1,5

Einheiten für Länge und Zeit

Größe	Einheit		Beziehungen zwischen Einheiten	
Länge	Astronomische Einheit	AE	1 AE	= 1,496 · 10^{11} m
	Lichtjahr	ly	1 ly	= 63,275 · 10^3 AE
				= 9,461 · 10^{15} m
	Parsec	pc	1 pc	= 3,262 ly
				= 3,086 · 10^{16} m
Zeit	Siderisches Jahr		1 Sid. Jahr	= 365,256 d
				= 3,1558 · 10^7 s
	Sterntag		1 Sterntag	= 0,99727 d
				= 8,6164 · 10^4 s
	Sonnentag		1 Sonnentag	= 1 d = 86 400 s

Einige Daten der Galaxis (des Milchstraßensystems)

Gesamtmasse	≈ 2,2 · 10^{11} Sonnenmassen
Anzahl der Sterne	≈ 2 · 10^{11}
Durchmesser	≈ 30 000 pc
	≈ 98 000 ly
Dicke	≈ 5 000 pc
	≈ 16 000 ly
Abstand der Sonne vom Kern des Systems	≈ 10 000 pc
	≈ 33 000 ly
Mit bloßem Auge sichtbare Sterne	≈ 5 000
Mittlere Dichte $\bar{\rho}$ der Galaxis	10^{-23} g · cm^{-3}

Der Sonne benachbarte Sterne, Nebel und Extragalaxien

Name	Entfernung von der Sonne	Einordnung
Alpha Centauri	4,3 Lichtjahre	Sichtbare Sterne des Milchstraßensystems
Sirius	8,7 Lichtjahre	
Procyon	11,3 Lichtjahre	
Atair	16,5 Lichtjahre	
Wega	26 Lichtjahre	
Capella	45 Lichtjahre	
Polarstern	650 Lichtjahre	
Orion-Nebel	1 630 Lichtjahre	Galaktischer Nebel (leuchtende interstellare Materie)
Krebsnebel	3 260 Lichtjahre	
Große Magellansche Wolke	1,6 · 10^5 Lichtjahre	Extragalaxien
Andromeda-Nebel	2,2 · 10^6 Lichtjahre	

Chemie

Eigenschaften von Stoffen

Elemente

Name	Symbol	Ordnungszahl	Atommasse in u	Dichte ρ in g·cm^{-3} bei 25 °C	Schmelztemperatur in ϑ_s in °C	Siedetemperatur ϑ_v in °C	Häufige Oxidationszahlen
Actinium	Ac	89	[227]		1050	3200	+3
Aluminium	Al	13	26,98	2,7	660	2450	+3
Americium	Am	95	[243]	11,7	> 850	2600	+3
Antimon	Sb	51	121,75	6,68	631	1380	+3, +5, −3
Argon ♦	Ar	18	39,95	1,784 g · l^{-1}	−189	−186	0
Arsen (grau)	As	33	74,92	5,72	817p	613 subl.	+3, +5, −3
Astat	At	85	[210]		302	335	+7, −1
Barium	Ba	56	137,33	3,50	714	1640	+2
Berkelium	Bk	97	[247]				+3
Beryllium	Be	4	9,01	1,85	1280	2480	+2
Bismut	Bi	83	208,98	9,8	271	1560	+3, −3
Blei	Pb	82	207,2	11,4	327	1740	+2, +4
Bor	B	5	10,81	2,34	(2030)	3900	+3
Brom	Br	35	79,90	3,12	−7	58	+1, +3, +5, +7, −1
Cadmium	Cd	48	112,41	8,65	321	765	+2
Caesium	Cs	55	132,91	1,87	29	690	+1
Calcium	Ca	20	40,08	1,55	838	1490	+2
Californium	Cf	98	[251]				
Cerium	Ce	58	140,12	6,78	795	3470	+3
Chlor ♦	Cl	17	35,45	3,214 g · l^{-1}	−101	−35	+1, +3, +5, +7, −1
Chromium	Cr	24	51,996	7,19	1900	2642	+2, +3, +6
Cobalt	Co	27	58,93	8,90	1490	2900	+2, +3
Curium	Cm	96	[247]	7,0			+3
Dysprosium	Dy	66	162,50	8,54	1410	2600	+3
Einsteinium	Es	99	[254]				
Eisen	Fe	26	55,85	7,86	1540	3000	+2, +3, +6
Erbium	Er	68	167,26	9,05	1500	2900	
Europium	Eu	63	151,96	5,26	829	1440	+3
Fermium	Fm	100	[257]				
Fluor ♦	F	9	18,998	1,695 g · l^{-1}	−220	−188	−1
Francium	Fr	87	[223]		(27)	(680)	+1
Gadolinium	Gd	64	157,25	7,89	1310	3000	+3
Gallium	Ga	31	69,72	5,91	30	2400	+3
Germanium	Ge	32	72,59	5,32	937	2830	+4, −4
Gold	Au	79	196,97	19,3	1063	2970	+1, +3
Hafnium	Hf	72	178,49	13,1	2000	5400	+4
Helium ♦	He	2	4,00	0,178 g · l^{-1}	−270	−269	0
Holmium	Ho	67	164,93	8,80	1460	2600	+3
Indium	In	49	114,82	7,31	156	2000	+3
Iod	I	53	126,90	4,94	114	183	+1, +3, +5, +7, −1
Iridium	Ir	77	192,22	22,5	2450	4500	+3, +4
Kalium	K	19	39,10	0,86	64	760	+1
Kohlenstoff	C	6	12,01				+1, +2, +3, +4
(Graphit)				2,26	3730	4830	−1, −2, −3, −4
(Diamant)				3,51	> 3550		
Krypton ♦	Kr	36	83,80	3,74 g · l^{-1}	−157	−152	0
Kupfer	Cu	29	63,55	8,96	1083	2600	+1, +2
Lanthan	La	57	138,91	6,17	920	3470	+3
Lawrencium	Lr	103	[260]				
Lithium	Li	3	6,94	0,53	180	1330	+1
Lutetium	Lu	71	174,97	9,84	1650	3330	+3
Magnesium	Mg	12	24,31	1,74	650	1110	+2
Mangan	Mn	25	54,94	7,43	1250	2100	+2, +4, +6, +7
Mendelevium	Md	101	[258]				
Molybdän	Mo	42	95,94	10,2	2610	5560	+6

Chemie

Name	Symbol	Ordnungszahl	Atommasse in u	Dichte ρ in g·cm^{-3} bei 25 °C	Schmelztemperatur in ϑ_s in °C	Siedetemperatur in ϑ_v in °C	Häufige Oxidationszahlen
Natrium	Na	11	22,99	0,97	98	892	+1
Neodymium	Nd	60	144,24	7,00	1020	3030	+3
Neon	Ne	10	20,18	1,20 g·l^{-1}	−249	−246	0
Neptunium	Np	93	237,05	20,4	640		+5
Nickel	Ni	28	58,70	8,90	1450	2730	+2
Niobium	Nb	41	92,91	8,55	2420	4900	+5
Nobelium	No	102	[259]				
Osmium	Os	76	190,2	22,4	3000	5500	+4, +8
Palladium	Pd	46	106,4	12,0	1550	3125	+2, +4
Phosphor (weiß)	P	15	30,97	1,82	44	280	+3, +5, −3
Platin	Pt	78	195,09	21,4	1770	3825	+2, +4
Plutonium	Pu	94	[224]	19,8	640	3230	+4
Polonium	Po	84	[209]	9,4	254	962	+4, −2
Praseodymium	Pr	59	140,91	6,77	935	3130	+3
Promethium	Pm	61	[145]		(1030)	(2730)	+3
Protactinium	Pa	91	231,04	15,4	(1230)		+5
Quecksilber	Hg	80	200,59	13,53	−39	357	+1, +2
Radium	Ra	88	[226]	5,0	700	1530	+2
Radon ♦	Rn	86	[222]	9,37 g·l^{-1}	−71	−62	0
Rhenium	Re	75	186,21	21,0	3180	5630	+7
Rhodium	Rh	45	102,91	12,4	1970	3730	+3, +4
Rubidium	Rb	37	85,47	1,53	39	688	+1
Ruthenium	Ru	44	101,07	12,2	2300	3900	+4, +8
Samarium	Sm	62	150,35	7,54	1070	1900	+3
Sauerstoff ♦	O	8	15,999	1,429 g·l^{-1}	−219	−183	−1, −2
Scandium	Sc	21	44,96	3,0	1540	2730	+3
Schwefel	S	16	32,06				+4, +6, −2
rhombisch				2,07	113		
monoklin				1,96	119	445	
Selen (grau)	Se	34	78,96	4,80	217	685	+4, +6, −2
Silber	Ag	47	107,87	10,5	961	2210	+1
Silicium	Si	14	28,09	2,33	1410	2680	+4, −4
Stickstoff ♦	N	7	14,007	1,251 g·l^{-1}	−210	−196	+3, +5, −3
Strontium	Sr	38	87,62	2,6	770	1380	+2
Tantal	Ta	73	180,95	16,6	3000	5430	+5
Technetium	Tc	43	[97]	11,5	2140	(4600)	+7
Tellur	Te	52	127,60	6,24	450	1390	+4, +6, −2
Terbium	Tb	65	158,92	8,27	1360	2800	+3
Thallium	Tl	81	204,37	11,85	303	1460	+3
Thorium	Th	90	232,04	11,7	1700	4200	+4
Thulium	Tm	69	168,93	9,33	1550	1730	+3
Titanium	Ti	22	47,90	4,5	1670	3260	+4
Unnilennium	Une	109					
Unnilhexium	Unh	106					
Unniloctium	Uno	108					
Unnilpentium	Unp	105	[262]				
Unnilquadium	Unq	104	[261]				
Unnilseptium	Uns	107					
Uran	U	92	238,03	18,90	1130	3820	+4, +5, +6
Vanadium	V	23	50,94	5,8	1900	3450	+5
Wasserstoff ♦	H	1	1,008	0,089 g·l^{-1}	−259	−253	+1, −1
Wolfram	W	74	183,85	19,3	3410	5930	+6
Xenon ♦	Xe	54	131,30	5,89 g·l^{-1}	−112	−108	0
Ytterbium	Yb	70	173,04	6,98	824	1430	+3
Yttrium	Y	39	88,91	4,5	1500	2930	+3
Zink	Zn	30	65,38	7,14	419	906	+2
Zinn	Sn	50	118,69	7,30	232	2270	+2, +4
Zirconium	Zr	40	91,22	6,49	1850	3580	+4

[ ] Die umklammerten Werte für die Atommasse geben die Massenzahl mit der höchsten Halbwertszeit an.
♦ Dichte gasförmiger Stoffe bei 0 °C   • Schmelz- und Siedetemperatur bei 1013,25 hPa

Chemie

Anorganische Verbindungen

Name	Formel	Aggregatzustand bei 25 °C	Dichte ρ in g·cm^{-3} bei 25 °C	Molare Masse in g·mol^{-1}	Schmelztemperatur ϑ_s in °C bei 101,3 kPa	Siedetemperatur ϑ_v in °C bei 101,3 kPa	Standard-Bildungsenthalpie $\Delta_f H^0$ in kJ·mol^{-1}
Aluminiumbromid	AlBr$_3$	s	2,6	266,7	97,4	257	−516
Aluminiumchlorid	AlCl$_3$	s	2,4	133,3	192,5 p	180 subl.	−704
Aluminiumoxid	Al$_2$O$_3$	s	4,0	101,9	2045	≈ 3000	−1676
Aluminiumsulfat	Al$_2$(SO$_4$)$_3$	s	2,7	342,1	605z	−	−3442
Ammoniak ♦	NH$_3$	g	0,77 g·l^{-1}	17,0	−78	−33,5	−46,1
Ammoniumchlorid	NH$_4$Cl	s	1,5	53,5	−	335 subl.	−314,6
Ammoniumnitrat	NH$_4$NO$_3$	s	1,7	80,0	169	200z	−366
Ammoniumsulfat	(NH$_4$)$_2$SO$_4$	s	1,8	132,1	280z	−	−1180
Bariumchlorid	BaCl$_2$	s	3,9	208,2	963	1562	−859,8
Bariumhydroxid	Ba(OH)$_2$	s	4,5	171,4	408	−	−945
Blei(II)-nitrat	Pb(NO$_3$)$_2$	s	4,5	331,2	470z	−	−456
Blei(II)-oxid	PbO	s	9,5	223,2	890	1470	−217
Borsäure	H$_3$BO$_3$	s	1,4	61,8	185 z	−	−1094
Bromwasserstoff ♦	HBr	g	3,644 g·l^{-1}	80,9	−87	−67	−36
Calciumcarbid	CaC$_2$	s	2,2	64,1	2300	−	−60
Calciumcarbonat	CaCO$_3$	s	2,7	100,1	900z	−	−1207
Calciumchlorid	CaCl$_2$	s	2,1	111,0	772	>1600	−796
Calciumhydroxid	Ca(OH)$_2$	s	2,3	74,1	580z	−	−986
Calciumoxid	CaO	s	3,3	56,1	2570	2850	−635
Calciumsulfat	CaSO$_4$	s	3,0	136,1	1450	−	−1434
Chlorwasserstoff ♦	HCl	g	1,639 g·l^{-1}	36,5	−114	−85	−92
Eisen(III)-chlorid	FeCl$_3$	s	2,8	162,2	306	315	−399
Eisen(III)-oxid	Fe$_2$O$_3$	s	5,2	159,7	1560	−	−824
Eisen(II)-sulfid	FeS	s	4,8	87,9	1195	−	−100
Fluorwasserstoff ♦	HF	g	0,987 (l)	20	−83	19	−271
Iodwasserstoff ♦	HI	g	5,97 g·l^{-1}	127,9	−51	−35	25,9
Kaliumbromid	KBr	s	2,7	119	734	1380	−392
Kaliumcarbonat	K$_2$CO$_3$	s	2,3	138,2	897	z	−1146
Kaliumchlorid	KCl	s	2,0	74,6	770	1407	−436
Kaliumdichromat	K$_2$Cr$_2$O$_7$	s	2,7	294,2	398	500z	−2033
Kaliumhydroxid	KOH	s	2,0	56,1	360	1327	−425
Kaliumnitrat	KNO$_3$	s	2,1	101,1	338	400z	−493
Kaliumpermanganat	KMnO$_4$	s	2,7	158,0	240z	−	−813
Kohlenstoffdioxid ♦	CO$_2$	g	1,977 g·l^{-1}	44	−56,6 p	−78,4 subl.	−393
Kohlenstoffdisulfid	CS$_2$	l	1,3	76,1	−111	46	90
Kohlenstoffmonooxid ♦	CO	g	1,25 g·l^{-1}	28	−205	−190	−110,5
Kupfer(II)-chlorid	CuCl$_2$	s	3,4	134,4	498	993z	−220
Kupfer(II)-oxid	CuO	s	6,4	79,5	1026z	−	−157
Kupfer(II)-sulfat	CuSO$_4$	s	3,6	159,6	650z	−	−771
Magnesiumchlorid	MgCl$_2$	s	2,3	95,2	712	1418	−642
Magnesiumoxid	MgO	s	3,6	40,3	2800	3600	−601,2
Magnesiumsulfat	MgSO$_4$	s	2,7	120,4	1124z	−	−1288
Natriumcarbonat	Na$_2$CO$_3$	s	2,5	106,0	854	z	−1131
Natriumchlorid	NaCl	s	2,2	58,5	801	1465	−411
Natriumhydroxid	NaOH	s	2,1	40	322 p	1378	−427
Natriumnitrat	NaNO$_3$	s	2,3	85	310	380z	−467
Phosphorpentoxid	P$_2$O$_5$	s	2,4	284	580	300 subl.	−3008
Phosphorsäure	H$_3$PO$_4$	s	1,8	98,0	42	213z	−1286
Quecksilber(II)-oxid	HgO	s	11,1	216,6	500z	−	−91
Salpetersäure	HNO$_3$	l	1,5	63	−47	86	−174
Schwefeldioxid ♦	SO$_2$	g	2,926 g·l^{-1}	64,1	−73	−10	−297
Schwefelsäure	H$_2$SO$_4$	l	1,8	98,1	10	338 z	−814
Schwefeltrioxid (α)	SO$_3$	l	2,75	80,1	17	45	−396
Schwefelwasserstoff ♦	H$_2$S	g	1,529 g·l^{-1}	34,1	−86	−62	−20,7
Silberbromid	AgBr	s	6,5	187,8	430	700 z	−100

Chemie

Name	Formel	Aggregat-zustand bei 25 °C	Dichte ρ in g·cm^{-3} bei 25 °C	Molare Masse in g·mol^{-1}	Schmelz-temperatur ϑ_s in °C bei 101,3 kPa	Siede-temperatur ϑ_v in °C bei 101,3 kPa	Standard-Bildungs-enthalpie $\Delta_f H^0$ in kJ·mol^{-1}
Silberchlorid	AgCl	s	5,6	143,3	455	1564	−127
Silberiodid	AgI	s	5,7	234,8	557	1506	−62
Silbernitrat	AgNO$_3$	s	4,4	169,9	209	444z	−124
Siliziumdioxid	SiO$_2$	s	2,6	60,1	1700	2230	−911
Stickstoffdioxid ♦	NO$_2$	g	1,49 (l)	46,0	−11	21	33
Stickstoffmonoxid ♦	NO	g	1,34 g·l^{-1}	30	−164	−152	90
Wasser	H$_2$O	l	0,997 ●	18,0	0	100	−285
Wasserstoffperoxid	H$_2$O$_2$	l	1,4	34,0	−0,4	158	−188
Zinkchlorid	ZnCl$_2$	s	2,9	136,3	283	732	−415
Zinkoxid	ZnO	s	5,5	81,4	1970	subl.	−348
Zinksulfid	ZnS	s	4,1	97,4	1020 p	subl.	−206

s – (solid) – fest   p – unter Druck   l – (liquid) – flüssig
subl. – sublimiert   g – (gaseous) – gasförmig   z – zersetzlich

♦ Dichte gasförmiger Stoffe bei 0 °C
● Dichte von Wasser: bei 0 °C 0,9168 g·cm^{-3}; bei 4 °C 1,0 g·cm^{-3}; bei 100 °C 0,804 g·cm^{-3}

Organische Verbindungen

Name	Summen-formel	Strukturformel	Aggregatzu-stand bei 25 °C	Dichte ρ in g·cm^{-3} bei 25 °C	Molare Masse in g·mol^{-1}	Schmelz-tempe-ratur ♦ ϑ_s in °C	Siede-tempe-ratur ♦ ϑ_v in °C	Standard-Bildungs-enthalpie $\Delta_f H^0$ in kJ·mol^{-1}
Aminobenzen	C$_6$H$_5$NH$_2$	⌬−NH$_2$	l	1,02	93,1	−6,3	184,1	35,14
2-Amino-eth-ansäure	NH$_2$CH$_2$COOH	H$_2$C−C(=O)(OH), NH$_2$	s	0,828	75,1	262z	–	(s)−528,8
Benzen (Benzol)	C$_6$H$_6$	⌬ ; ⌬	l	0,874	78,1	5,5	80,1	83 (g)
Bromethan	C$_2$H$_5$Br	H$_3$C−CH$_2$−Br	l	1,451	109	−118,6	38,4	−92
Buta-1,3-dien ♦	C$_4$H$_6$	H$_2$C=CH−CH=CH$_2$	g	0,650 (−6 °C)	54,1	−108,9	−4,4	110
Butan ♦	C$_4$H$_{10}$	H$_3$C−(CH$_2$)$_2$−CH$_3$	g	2,703 g·l^{-1}	58,1	−138,4	−0,5	−124,51
Butansäure	C$_3$H$_7$COOH	H$_3$C−(CH$_2$)$_2$−C(=O)(OH)	l	0,952	88,1	−5,2	163,3	−533,8
Chlorethan	C$_2$H$_5$Cl	H$_3$C−CH$_2$−Cl	g	0,917 (6 °C)	64,5	−136,4	12,3	−112
Cyclohexan	C$_6$H$_{12}$	(Ring)	l	0,744	84,2	6,6	80,7	−157
Chlormethan ♦	CH$_3$Cl	H−C(Cl)H−H	g	2,307 g·l^{-1}	50,5	−97,7	−24,2	−86
1,2-Dibrom-ethan	C$_2$H$_4$Br$_2$	Br−CH$_2$−CH$_2$−Br	l	2,169	187,9	9,8	131,4	−81
1,2-Dichlor-ethan	C$_2$H$_4$Cl$_2$	Cl−CH$_2$−CH$_2$−Cl	l	1,246	99,0	−35,7	83,5	−165

Chemie

Name	Summen-formel	Strukturformel	Aggre-gatzu-stand bei 25 °C	Dichte ρ in g·cm^{-3} bei 25 °C	Molare Masse in g·mol^{-1}	Schmelz-temperatur • ϑ_s in °C	Siede-temperatur • ϑ_v in °C	Standard-Bildungs-enthalpie $\Delta_f H^0$ in kJ·mol^{-1}
Dichlormethan	CH_2Cl_2	H–C(Cl)(Cl)–H	l	1,316	84,9	–95,1	39,8	–124
Ethan ♦	C_2H_6	$H_3C–CH_3$	g	1,356 g·l^{-1}	30,1	–183,3	–88,6	–84,47
Ethanal	CH_3CHO	$H_3C–C(=O)H$	g	0,788 g·l^{-1}	44,1	–123	20,1	–166
1,2-Ethandiol	$C_2H_4(OH)_2$	$H_2C(OH)–CH_2(OH)$	l	1,109	62,1	–15,6	197,8	–451,87
Ethanol	C_2H_5OH	$H_3C–CH_2–OH$	l	0,785	46,1	–114,1	78,3	–278,81
Ethansäure	CH_3COOH	$H_3C–C(=O)OH$	l	1,044	60,1	16,7	117,9	–486,18
Ethansäure-methylester	CH_3COOCH_3	$H_3C–C(=O)O–CH_3$	l	0,933	74,1	–98,1	57,0	–442
Ethen ♦	C_2H_4	$H_2C=CH_2$	g	1,260 g·l^{-1}	28,1	–169,2	–103,7	52,55
Ethin ♦	C_2H_2	HC≡CH	g	1,17 g·l^{-1}	26,0	–80,8	–84,0	225,51
Glucose (α-D-Glucose)	$C_6H_{12}O_6$	(ring structure)	s	1,54	180,0	146	200z	
Harnstoff	$CO(NH_2)_2$	$O=C(NH_2)(NH_2)$	s	1,32	60,1	132,7	z	–330,95
Hexadekan-säure (Palmi-tinsäure)	$C_{15}H_{31}COOH$	$H_3C–(CH_2)_{14}–C(=O)OH$	s	0,85 (62 °C)	256,4	62,2	219p	–917,3
Hexan	C_6H_{14}	$H_3C–(CH_2)_4–CH_3$	l	0,655	86,2	–95,3	68,7	–211,29
Methan ♦	CH_4	H–CH$_2$–H	g	0,717 g·l^{-1}	16,0	–182,5	–161,5	–74,67
Methanal ♦	HCHO	H–C(=O)H	g	0,82 (–20 °C)	30,0	–117	–19,2	–118,4
Methanol	CH_3OH	$H_3C–OH$	l	0,787	32,0	–97,7	64,5	–238,48
Methansäure	HCOOH	H–C(=O)OH	l	1,214	46,0	8,4	101	–416,43
Nitrobenzen	$C_6H_5NO_2$	Ph–NO$_2$	l	1,198	123,1	5,7	210,8	17,99
Oktadekan-säure (Stea-rinsäure)	$C_{17}H_{35}COOH$	$H_3C–(CH_2)_{16}–C(=O)OH$	s	0,84 (80 °C)	284,5	69,4	291p	–954,37
Pentan	C_5H_{12}	$H_3C–(CH_2)_3–CH_3$	l	0,621	72,1	–129,7	36,1	–168,19
Phenol	C_6H_5OH	Ph–OH	s	1,132	94,1	41,0	181,8	–155,22

Chemie

Name	Summen-formel	Strukturformel	Aggre-gatzu-stand bei 25 °C	Dichte ρ in g·cm^{-3} bei 25 °C	Molare Masse in g·mol^{-1}	Schmelz-tempe-ratur • ϑ_s in °C	Siede-tempe-ratur • ϑ_v in °C	Standard-Bildungs-enthalpie $\Delta_f H^0$ in kJ·mol^{-1}
Propan ♦	C$_3$H$_8$	H$_3$C–CH$_2$–CH$_3$	g	2,019 g·l$^-$	44,1	–187,7	–42,1	–103,63
Propan-1-ol	C$_3$H$_7$OH	H$_3$C–CH$_2$–CH$_2$–O̱H	l	0,799	60,1	–126,2	97,2	–302,5
Propan-2-ol	C$_3$H$_7$OH	H$_3$C–CH–CH$_3$ | O̱H	l	0,781	60,1	–88,5	82,3	–
Propanon (Aceton)	CH$_3$COCH$_3$	H$_3$C–C–CH$_3$ ‖ O	l	0,785	58,1	94,7	56,1	–235,14
1,2,3-Propan-triol (Glycerin)	C$_3$H$_5$(OH)$_3$	H$_2$C–CH–CH$_2$ | | | O̱H O̱H O̱H	l	1,26	92,1	17,9	290	–659,8
Tetrachlor-methan	CCl$_4$	|C̱l| | |C̱l–C–C̱l| | |C̱l|	l	1,584	153,8	–23,0	76,5	–141,4
Trichlormethan (Chloroform)	CHCl$_3$	H | |C̱l–C–C̱l| | |C̱l|	l	1,480	119,4	–63,5	61,7	–132

• Schmelz- und Siedetemperatur bei 1013,25 hPa

Säuren – Basen – Salze

pH-Wert-Skale

Eigenschaft der Lösung	stark sauer	schwach sauer	neutral	schwach basisch	stark basisch
pH-WERT	0 1 2	3 4 5 6	7	8 9 10	11 12 13 14
Ursache	Konzentration der Hydronium-Ionen H$_3$O$^+$			Konzentration der Hydroxid-Ionen OH$^-$	

Säure-Base-Indikatoren

Name	angezeigte Farben pH$_1$ < pH$_2$		pH-Umschlagsbereich
Kresolrot	rot	gelb	0,2 – 1,8
Thymolblau	rot	gelb	1,2 – 2,8
Methylgelb	rot	gelb	2,4 – 4,0
Methylorange	rot	gelb	3,1 – 4,4
Methylrot	rosa	gelb	4,4 – 6,2
Lackmus	rot	blau	5,0 – 8,0
Bromthymolblau	gelb	blau	6,0 – 7,6
Phenolphthalein	farblos	rot	8,3 – 10,0
Alizaringelb	gelb	orangebraun	10,1 – 12,0

Dichten von handelsüblichen konzentrierten Lösungen

	HCl, 37 %	H$_2$SO$_4$, 96 %	HNO$_3$, 65 %	NaOH, 33 %	KOH, 40 %	NH$_3$, 25 %
ρ in g·ml^{-1}	1,18	1,84	1,39	1,36	1,40	0,91

Chemie

Löslichkeit ausgewählter Salze (20 °C, 101,3 kPa)

In 100 g Wasser lösen sich a g Salz (Angabe im jeweiligen Feld) bis zur Sättigung

Ionen	Cl^-	Br^-	I^-	NO_3^-	SO_4^{2-}	S^{2-}	CO_3^{2-}	PO_4^{3-}
Na^+	35,85	90,5	179,3	88,0	19,08	19,0	21,58	12,1
K^+	34,35	65,6	144,5	31,5	11,15	–	111,5	23,0
NH_4^+	37,4	73,9	172,0	187,7	75,4	–	100,0	20,3
Ba^{2+}	35,7	104,0	170,0	9,03	$2,3 \cdot 10^{-4}$	–	$2 \cdot 10^{-3}$	–
Mg^{2+}	54,25	102,0	148,1	70,5	35,6		0,18	–
Ca^{2+}	74,5	142,0	204,0	127,0	0,2		$1,5 \cdot 10^{-3}$	$1,9 \cdot 10^{-2}$
Zn^{2+}	367,0	447,0	432,0	117,5	53,8		$2 \cdot 10^{-2}$	–
Pb^{2+}	0,97	0,84	0,07	52,5	$4,2 \cdot 10^{-3}$	$8,6 \cdot 10^{-5}$	$1,7 \cdot 10^{-4}$	$1,3 \cdot 10^{-5}$
Cu^{2+}	77,0	122	–	121,9	21,1	$2,9 \cdot 10^{-3}$	–	–
Fe^{2+}	62,2	–			26,6	$6 \cdot 10^{-4}$		
Ag^+	$1,5 \cdot 10^{-4}$	$1,2 \cdot 10^{-5}$	$2,5 \cdot 10^{-7}$	215,5	0,74	$1,4 \cdot 10^{-5}$	$3 \cdot 10^{-3}$	$6,5 \cdot 10^{-4}$
Al^{3+}	45,6	–	–	73,0	36,3			

Zusammenhänge aus der Stöchiometrie und Elektrochemie

Stöchiometrisches Rechnen

relative Atommasse A_r	$A_r = \dfrac{A}{u}$	$1u = 1,66055 \cdot 10^{-27}$ kg $\quad 1u = \dfrac{1}{12}$ der Masse eines Atoms [^{12}C] Kohlenstoff $\quad$ A $\quad$ absolute Atommasse
Stoffmenge n	$n = \dfrac{m}{M} = \dfrac{V}{V_m} = \dfrac{N}{N_A}$	m $\quad$ Masse M $\quad$ molare Masse V $\quad$ Volumen V_m $\quad$ molares Volumen N $\quad$ Teilchenzahl einer abgeschlossenen Stoffmenge N_A $\quad$ AVOGADRO-Konstante (S. 11)
molare Masse M	$M = \dfrac{m}{n}$	
molares Volumen V_m	$V_m = \dfrac{V}{n}$	
stöchiometrische Verhältnisse: Masse/Masse Masse/Volumen Volumen/Volumen	$\dfrac{m_1}{m_2} = \dfrac{M_1 \cdot n_1}{M_2 \cdot n_2}$ $\dfrac{m_1}{V_2} = \dfrac{M_1 \cdot n_1}{V_{n,2} \cdot n_2}$ $\dfrac{V_1}{V_2} = \dfrac{n_1}{n_2}$	m_1, m_2 Massen der Stoffe 1 und 2 n_1, n_2 Stoffmengen der Stoffe 1 und 2 M_1, M_2 molare Massen der Stoffe 1 und 2 V_1, V_2 Volumen der gasförmigen Stoffe 1 und 2 bei 0 °C und 101325 Pa $V_{n,2}$ molares Normvolumen des gasförmigen Stoffes 2
Ausbeute η	$\eta = \dfrac{n_{real}}{n_{max}}$	n_{real} real erhaltene Stoffmenge n_{max} maximal erhaltene Stoffmenge

Chemie

Zusammensetzung von Lösungen

Massenanteil ω_i	$\omega_i = \dfrac{m_i}{m}$	m_i Masse der Komponente i m Gesamtmasse des Stoffgemisches
Volumenanteil φ_i	$\varphi_i = \dfrac{V_i}{V_0}$	V_i Volumen der Komponente i V_0 Gesamtvolumen vor dem Mischvorgang V Gesamtvolumen der Lösung nach dem Mischvorgang
Stoffmengenanteil κ_i **(Molenbruch)**	$\kappa_i = \dfrac{n_i}{n}$	n_i Stoffmenge der Komponente i n Gesamtstoffmenge des Stoffgemisches
Massenkonzentration β_i	$\beta_i = \dfrac{m_i}{V}$	
Volumenkonzentration σ_i	$\sigma_i = \dfrac{V_i}{V}$	
Stoffmengenkonzentration c_i	$c_i = \dfrac{n_i}{V}$	

Mischungsrechnen mit dem Mischungskreuz (Konzentrationsangabe in Masseprozent)	Konzentration der gegebenen Lösung A
	x % ↘
	   gewünschte Konzentration
	   z %
	  ↗
	Konzentration der gegebenen Lösung B
	y %
	
	$(z - y)$ Masseteile von A
	$(x - z)$ Masseteile von B
	Summe: $(x - y)$ Masseteile des Gemisches
	
	Wird eine gegebene Lösung A mit Wasser verdünnt, gilt y = 0.
		Beispiel: In welchen Masseteilen müssen 36 %ige und 10 %ige Salzsäure gemischt werden, damit eine 25 %ige Salzsäure entsteht?
		
		36 % ↘ 15 Masseteile von A
		    25 %
		10 % ↗ 11 Masseteile von B
		_____
		26 Masseteile des Gemischs

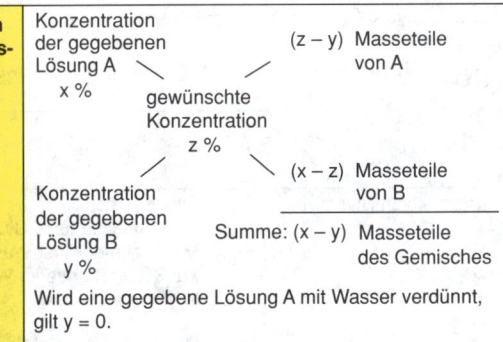

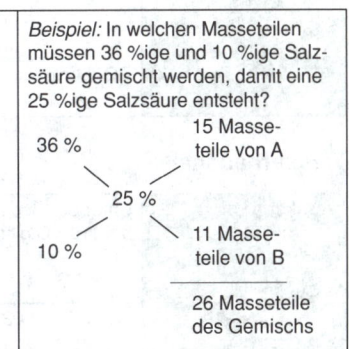

Spannungsreihe der Metalle

edler Charakter der Metalle →

Li K Ba Ca Na Mg Al Zn Cr Fe Cd Ni Sn Pb Cu Ag Pt Au
Li^+ K^+ Ba^{2+} Ca^{2+} Na^+ Mg^{2+} Al^{3+} Zn^{2+} Cr^{3+} Fe^{2+} Cd^{2+} Ni^{2+} Sn^{2+} Pb^{2+} Cu^{2+} Ag^+ Pt^{2+} Au^{3+}

Oxydierende Wirkung der Metall–Ionen →

← Reduzierende Wirkung der Metalle

Berechnung nach den FARADAYschen Gesetzen (S. 67)	$I \cdot t = n \cdot z \cdot F$ $\dfrac{M}{m} = \dfrac{F \cdot z}{I \cdot t}$	M molare Masse m Masse F FARADAY-Konstante (S. 11) z Wertigkeit des Stoffes I Stromstärke t Zeit n Stoffmenge

Ch 2

Biologie

Stoff- und Energiewechsel

Photosynthese/Atmung

Lichtgenuß LG von Pflanzen	$LG = \dfrac{E_{Ort}}{E_{Frei}} \cdot 100\%$	E_{Ort} Beleuchtungsstärke am Wuchsort E_{Frei} Beleuchtungsstärke im Freiland
Biomasseproduktion	$S = Pb - (R + m_V)$ $Pn = Pb - R$	S Langfristiger Stoffgewinn für den betrachteten Organismus Pb Brutto-Primärproduktion Pn Netto-Primärproduktion R Stoffverlust durch Atmung m_V Verlustmasse (z.B. abgeworfene Blätter)
Respiratorischer Quotient RQ	$RQ = \dfrac{n(CO_2)_{aus} - n(CO_2)_{ein}}{n(O_2)_{ein} - n(O_2)_{aus}}$ $= \dfrac{n(CO_2)_{gebildet}}{n(O_2)_{verbraucht}} \cong \dfrac{V_{CO_2\,gebildet}}{V_{O_2\,verbraucht}}$ $C_6H_{12}O_6 + 6\,O_2 \xrightarrow{Enzyme} 6\,CO_2 + 6\,H_2O + Energie$ $RQ(\text{Glucose}) = \dfrac{6\,CO_2}{6\,O_2} = 1$, da $n(CO_2) = n(O_2)$; RQ(Fett) = 0,7; RQ(Eiweiß) = 0,8	$n(CO_2)_{aus/ein}$ Aus- bzw. eingeatmete Stoffmenge an Kohlenstoffdioxid $n(O_2)_{ein/aus}$ Ein- bzw. ausgeatmete Stoffmenge an Sauerstoff V_{CO_2} Gebildetes Kohlenstoffdioxidvolumen V_{O_2} Verbrauchtes Sauerstoffvolumen

Wasserhaushalt

Trockengewicht TG	Unter der Bedingung nach 24 Stunden bei 110 °C gilt: $TG = FG - WG$	FG Frischgewicht m_V Verlustmasse beim Glühen W_{max} Maximal möglicher Wassergehalt W_a Zur Zeit vorhandener Wassergehalt (aktueller Wassergehalt)
Wassergehalt WG	$WG = FG - TG$	
Aschegewicht AG	$AG = TG - m_V$	m_{Wab} Masse der abgegebenen Wassermenge pro Zeiteinheit
Wasserdefizit Wd (Wasserverlust)	$Wd = \dfrac{W_{max} - W_a}{W_{max}} \cdot 100\%$	m_{Wauf} Masse der aufgenommenen Wassermenge pro Zeiteinheit V_{Wab} Abgegebenes Wasservolumen pro Zeiteinheit
Bilanzquotient BQ des Wassers	$BQ = \dfrac{m_{Wab}}{m_{Wauf}} \cong \dfrac{V_{Wab}}{V_{Wauf}}$ Ist BQ > 1, welkt der Organismus	V_{Wauf} Aufgenommenes Wasservolumen pro Zeiteinheit
Osmotische Zustandsgleichung der Zelle	$S = O - W$ $O = c \cdot R \cdot T$	T Absolute Temperatur R Allgemeine Gaskonstante (S. 11) c Konzentration in mol·cm^{-3} O Osmotischer Druck S Saugkraft der Zelle W Turgordruck (Wanddruck)

Untersuchungsmethoden

Mikroskopische Gesamtvergrößerung V_G	$V_G = V_{Obj} \cdot V_{Ok}$	V_{Obj} Objektivvergrößerung V_{Ok} Okularvergrößerung
Mikroskopisches Auflösungsvermögen d	$d = \dfrac{\lambda}{A_{Obj}}$	λ Wellenlänge des Lichtes (S. 17) A_{Obj} Numerische Apertur des Objektivs (siehe Objektivaufschrift)
Papier- und Dünnschichtchromatographie Rf-Wert	$Rf = \dfrac{l_{Fleck}}{l_{Lauf}}$	l_{Fleck} Laufstrecke der Substanz (Start bis Fleckenmittelpunkt) l_{Lauf} Laufstrecke des Lösungsmittels (Start bis Laufmittelfront)

Biologie

Organismen und ihre Umwelt

Qualität des Wassers

Bestimmung des Plankton- und Schwebstoffgehaltes G_{PS}	$G_{PS} = \dfrac{(m_2 - m_1) \cdot 1000}{V}$	m_1 Masse des getrockneten Filterpapiers in g m_2 Masse des getrockneten Filterpapiers mit Plankton- und Schwebstoffen in g V Volumen der Wasserprobe in ml a Verbrauch an Natriumthiosulfatlösung in ml ($c = 0{,}01$ mol $\cdot l^{-1}$) b Zugesetzte Reagenzienmenge in ml 1000 Umrechnungsfaktor für ein Liter
Quantitative Sauerstoffbestimmung $\beta(O_2)$ (nach WINKLER)	$\beta(O_2) = \dfrac{a \cdot 0{,}08 \cdot 1000}{V - b}$	
Sauerstoffsättigung S	$S = \dfrac{\beta(O_2) \cdot 100\,\%}{\beta(O_2)S}$	$\beta(O_2)$ Gemessener Sauerstoffgehalt der Frischprobe bei gemessener Temperatur $\beta(O_2)S$ Theoretischer Sauerstoffsättigungswert bei der gemessenen Temperatur (Tabelle S. 81) $\beta(O_{2/II})$ Sauerstoffgehalt der 2 Tage (II) alten Wasserprobe $\beta(O_{2/V})$ Sauerstoffgehalt der 5 Tage (V) alten Wasserprobe
Sauerstoffdefizit $\beta(O_2)_{Def}$	$\beta(O_2)_{Def} = \beta(O_2) - \beta(O_2)S$	
Biochemischer Sauerstoffbedarf BSB	$BSB_2 = \beta(O_2) - \beta(O_{2/II})$ $BSB_5 = \beta(O_2) - \beta(O_{2/V})$	

Theoretische Sauerstoffsättigungswerte des Wassers in Abhängigkeit von der Temperatur bei 1013 hPa in mg $\cdot l^{-1}$

t in °C	,0	,3	,5	,8
0	14,64	14,51	14,43	14,31
1	14,23	14,10	14,03	13,91
2	13,83	13,71	13,64	13,52
3	13,45	13,34	13,27	13,16
4	13,09	12,98	12,92	12,81
5	12,75	12,65	12,58	12,48
6	12,42	12,32	12,26	12,17
7	12,11	12,02	11,96	11,87
8	11,81	11,72	11,67	11,58
9	11,53	11,44	11,39	11,31
10	11,25	11,18	11,12	11,05
11	10,99	10,92	10,87	10,79
12	10,75	10,67	10,63	10,55
13	10,51	10,44	10,39	10,32
14	10,28	10,21	10,17	10,10
15	10,06	9,99	9,95	9,89
16	9,85	9,78	9,74	9,68
17	9,64	9,58	9,54	9,49
18	9,45	9,39	9,35	9,30
19	9,26	9,20	9,17	9,11
20	9,08	9,02	8,99	8,94
21	8,90	8,85	8,82	8,76
22	8,73	8,68	8,65	8,60
23	8,57	8,52	8,49	8,44
24	8,41	8,36	8,33	8,28
25	8,25	8,22	8,18	8,14

Biologische Gütebestimmung eines Gewässers

Saprobienindex S für die untersuchte Biozönose	$S = \dfrac{(h_1 \cdot s_1 \cdot g_1) + (h_2 \cdot s_2 \cdot g_2) + \ldots + (h_n \cdot s_n \cdot g_n)}{(h_1 \cdot g_1) + (h_2 \cdot g_2) + \ldots + (h_n \cdot g_n)}$	n Anzahl der untersuchten Organismenarten h Ausgezählte Häufigkeit der Organismen einer Art s Saprobienindex für die einzelne Art, gibt deren Optimum innerhalb der Saprobienstufen an (Tabelle S. 82) g Indikationsgewicht (1 – 5), gibt Eignung einer Art als Indikator für bestimmte Güteklasse an (Bindung an nur eine Güteklasse $g = 5$; Vorkommen in zwei oder mehr Güteklassen $g = 4, 3, 2, 1$) (Tabelle S. 82)

Biologie

Bioindikatoren eines Gewässers

Organismenarten (Beispiele)	Saprobienindex s	Indikationsgewicht g	Saprobienstufen	Gewässergüteklassen
Hakenkäferlarven	1,5	4	S = 1 bis < 1,75	I
Eintagsfliegenlarven (Baetidae)	2,0	2	S = 1,75 bis 2,5	II
Posthornschnecken	2,0	3	S = 2,5 bis 3,25	III
Flußflohkrebse	2,3	3	S = 3,25 bis 4,0	IV
Alpenstrudelwurm	1,0	5		
Schlammröhrenwurm	3,8	4		
Rollegel	3,0	2		

Bestandsaufnahme von Pflanzen

Stufen	Deckungsgrad (bedeckter Anteil der Untersuchungsfläche) in %	Individuenzahl (Häufigkeit der Art auf der Untersuchungsfläche)	Entwicklungszustand
r („rar")	sehr wenig Fläche abdeckend	etwa 1 bis 2 Individuen	K Keimpflanze J Jungpflanze st steril (ausgewachsene Pflanze ohne Blüten und Samen)
+ („Kreuz")	wenig Fläche abdeckend	etwa 2 bis 5 Individuen	ko knospend (Blüten- oder Blattknospen)
1	weniger als 5 % abdeckend	sehr spärlich vorhanden	b blühend
2	6 % bis 25 % abdeckend	spärlich vorhanden	f fruchtend
3	26 % bis 50 % abdeckend	wenig zahlreich vorhanden	v vergilbend t tot (oberirdische Teile abgestorben)
4	51 % bis 75 % abdeckend	zahlreich vorhanden	S nur als Samen zu finden
5	76 % bis 100 % abdeckend	sehr zahlreich vorhanden	g abgemäht

Ökologische Zeigerwerte

Stufen	Licht L	Temperatur T	Bodenfeuchtigkeit F	Bodenreaktion R	Stickstoffversorgung N
1	sehr schattig (weniger als 1 %)	sehr kalt	sehr trocken	stark sauer	sehr stickstoffarm
2	zwischen 1 und 3	zwischen 1 und 3	zwischen 1 und 3	zwischen 1 und 3	zwischen 1 und 3
3	schattig (weniger als 5 %)	kühl	trocken	sauer	stickstoffarm
4	zwischen 3 und 5	zwischen 3 und 5	zwischen 3 und 5	zwischen 3 und 5	zwischen 3 und 5
5	halbschattig (mehr als 10 %)	mäßig warm	frisch	mäßig sauer	mäßig stickstoffreich
6	zwischen 5 und 7	zwischen 5 und 7	zwischen 5 und 7	zwischen 5 und 7	zwischen 5 und 7
7	sonnig und schattig	warm	feucht	schwach sauer bis schwach basisch	stickstoffreich
8	sonnig (mehr als 40 %)	zwischen 7 und 9	zwischen 7 und 9	zwischen 7 und 9	sehr stickstoffreich
9	sehr sonnig (mehr als 50 %)	sehr warm	naß	basisch	übermäßig stickstoffreich

Biologie

Humanbiologie

Die Formeln in diesem Abschnitt stellen meist Faustregeln dar, die empirisch gefunden wurden und zumeist auf den „durchschnittlichen Organismus" zu beziehen sind.

Stoff- und Energiewechsel

Normalgewicht NG und Idealgewicht IG (nach BROCA)	$NG = (Kgr - 100) \cdot kg$ $IG = NG \cdot 0{,}9$ bei Jugendlichen: $IG = NG \cdot 0{,}85$	Kgr	Körpergröße in cm
Blutalkoholgehalt BAG (nach WIDMARK)	$BAG = \dfrac{m_{Alkohol}}{m_{Körper} \cdot r} = \dfrac{V_{Alkohol} \cdot D}{m_{Körper} \cdot r}$	BAG r D $m_{Alkohol}$ $m_{Körper}$ $V_{Alkohol}$	Blutalkoholgehalt in ‰ Reduktionsfaktor männlich 0,7, weiblich 0,6 Dichte von Alkohol (0,79 g · ml^{-1}) Aufgenommene Alkoholmenge in g Körpermasse in g Volumen des Alkohols in ml
Gesamtumsatz GesU	$GesU = GU + LU$		
Grundumsatz GU	$GU = 4{,}2\ kJ \cdot t \cdot m_K$ bei Jugendlichen: $GU = 6{,}2 \cdot t \cdot m_K$	t m_K h EV	Zeit in Stunden Körpermasse in kg Zeit in Stunden für die ausgeführte Tätigkeit Energieverbrauch pro Stunde der Tätigkeit in kJ (Tabelle S. 84)
Leistungsumsatz LU	$LU = (h_1 \cdot EV_1) + (h_2 \cdot EV_2) + \ldots + (h_n \cdot EV_n)$		
Nährstoffbedarf Nb	$Nb = Bf \cdot m_K$	Bf EG EG_n	Bedarfsfaktor der Nährstoffe (Tabelle S. 83) Energiegehalt der Nährstoffe (Tabelle S. 83) Energiegehalt der Nahrungsmittel (Tabelle S.83)
Energiebedarf Eb	$Eb = (Nb_{KH} \cdot EG_{KH}) + (Nb_{Fett} \cdot EG_{Fett}) + (Nb_{Eiw} \cdot EG_{Eiw})$		
Energiegehalt EG_m einer Mahlzeit	$EG_m = EG_{n_1} + EG_{n_2} + \ldots + EG_{n_n}$		

Energiegehalt und Nährstoffgehalt ausgewählter Nahrungsmittel
(zur Errechnung von EG_m)

Nahrungsmittel in g	Energiegehalt in kJ	Nährstoffe in g			Nahrungsmittel in g	Energiegehalt in kJ	Nährstoffe in g		
		Eiweiß	Fett	Kohlenhydrate			Eiweiß	Fett	Kohlenhydrate
Magerjoghurt (150)	240	7	+	7	Brötchen (40)	463	3	+	23
Sahnequark (100)	317	9	6	10	Toastbrot (29)	234	1	+	12
Kalbsleberwurst (100)	1750	13	40	–	Mischbrot (40)	422	3	+	21
Salami (100)	2300	20	50	+	Knäckebrot (10)	158	1	+	8
Milch, 3,5 % (250 ml)	660	10	11	13	Vollkornbrot (40)	401	3	+	20
Milch, 1,5 % (250 ml)	500	10	4	13	Margarine (15)	476	+	12	+
Speisequark (100)	640	17	40	2	Marmelade (30)	271	+	–	16
Magerquark (100)	360	17	1	2	Schinken, geräuchert (30)	430	5	9	–
Camembert (100)	1600	25	27	2	Pommes frites (150)	1379	6	12	51
Chester (100)	1720	25	28	3	Schokolade (50)	1174	5	16	28
Honig (100)	1300	+	–	80	Birne (120)	275	1	–	16
Ei (Stück)	360	7	6	+	Rotwein (150 ml)	444	+	–	–
Weißbrot (100)	1000	8	1	48	Sekt, süß (150 ml)	392	–	–	14
Butter (100)	3240	1	83	+	Cola (200 ml)	367	–	–	22
Zucker (100)	1650	–	–	100	Bier, hell (200 ml)	392	+	–	7
Schlagsahne (50)	631	1	15	1	Tomatensaft (100 ml)	87	1	–	4
Obstkuchen (50)	680	3	3	30	Banane (120)	334	1	–	19

Energiegehalt der Nährstoffe (zur Errechnung von Nb und Eb)

Nährstoffe	Energieinhalt in kJ/g	Bedarfsfaktor in g/kg Körpergewicht
Fette	39	0,8
Eiweiße (Eiw)	17	0,9
Kohlenhydrate (KH)	17	6,0

Biologie

Energieverbrauch pro Stunde bei verschiedenen Tätigkeiten

Tätigkeiten	kJ/h	Tätigkeiten	kJ/h
Sitzen	120	Stehen	140
Gehen (2 km/h)	400	Radfahren	700
Staubsaugen	750	Tanzen	820
Spielen/Aufräumen	250	Schulbesuch/Hausaufgaben	220
Gymnastik	1410	Betten machen	800
Fußballspielen	1900	Dauerlauf (10 km/h)	2500
Brustschwimmen (50 m/min)	2850	Skilanglauf (8 km/h)	3250
Wäsche bügeln	570	Fenster putzen	730
Boden schrubben	960	Tischtennis	1140
Teig kneten	660	60 Stufen aufwärts (10 kg Last tragen)	2220
Kochen im Stehen	400	Badewanne scheuern	1800

Sexualbiologie/Entwicklung

PEARL-Index PI (Versagerquote)	$PI = \dfrac{N}{N_{Anwender} \cdot t}$	N Anzahl der ungewollten Schwangerschaften t Beobachtungszeitraum in Jahren $N_{Anwender}$ Anzahl der Anwender/innen
Berechnung des Entbindungstermins ET (NAEGELEsche Regel)	$Et = T_m + 7, M_m - 3, J_m + 1$	$(T, M, J)_m$ Termin des ersten Tages der letzten Menstruation (T Tag, M Monat, J Jahr) *Beispiel*: T, M, J = 20.06.1992 20 + 7, 6 − 3, 1992 + 1 Et = 27.03.1993
Intelligenzquotient IQ	$IQ = \dfrac{Intelligenzalter}{Lebensalter} \cdot 100$	Das Intelligenzalter ergibt sich aus Ergebnissen eines Intelligenztests; der IQ wurde für Jugendliche und Kinder unter 15 Jahre abgeleitet.
Voraussichtliche Körpergröße KgrE als Erwachsener	$Kf = \dfrac{Kgr - Dgr}{Uw}$ $KgrE = DgrE + (Kf \cdot UwE)$	Kf Korrekturfaktor Dgr Durchschnittskörpergröße (Tabelle S. 84) DgrE Durchschnittskörpergröße als Erwachsener (Tabelle S. 84) Uw Umrechnungswert (Tabelle S. 84) UwE Umrechnungswert als Erwachsener (Tabelle S. 84)

Durchschnittliche Körpergröße (Zahlenwerte von 1980)

Alter in Jahren	männlich		weiblich		Alter in Jahren	männlich		weiblich	
	Umrechnungswerte	Durchschnittsgrößen	Umrechnungswerte	Durchschnittsgrößen		Umrechnungswerte	Durchschnittsgrößen	Umrechnungswerte	Durchschnittsgrößen
4	4,5	103	4,5	102	12	7,0	148	7,3	150
5	4,8	109	4,8	108	13	8,0	154	6,8	155
6	5,1	115	5,1	114	14	8,8	161	6,3	159
7	5,5	122	5,5	121	15	8,0	167	6,0	161
8	5,7	128	5,7	127	16	7,2	171	5,7	162
9	5,9	133	6,0	132	17	6,6	173	5,6	162
10	6,2	138	6,5	137	18	6,5	174	5,6	162
11	6,6	143	7,0	143	**19**[1]	**6,4**	**174**	**5,6**	**162**

[1] Werte als Erwachsener (UwE, DgrE)

Biologie

Regelvorgänge/Regelkreisschema

Regelkreis – Schema nach HASSENSTEIN (verändert)

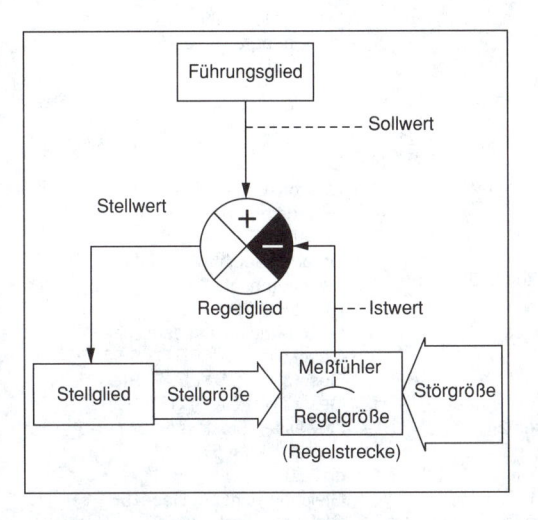

Regulation des Grundumsatzes

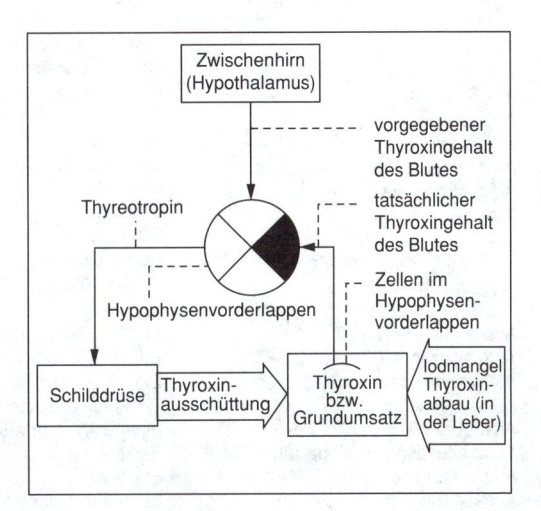

Vererbungslehre/Genetik

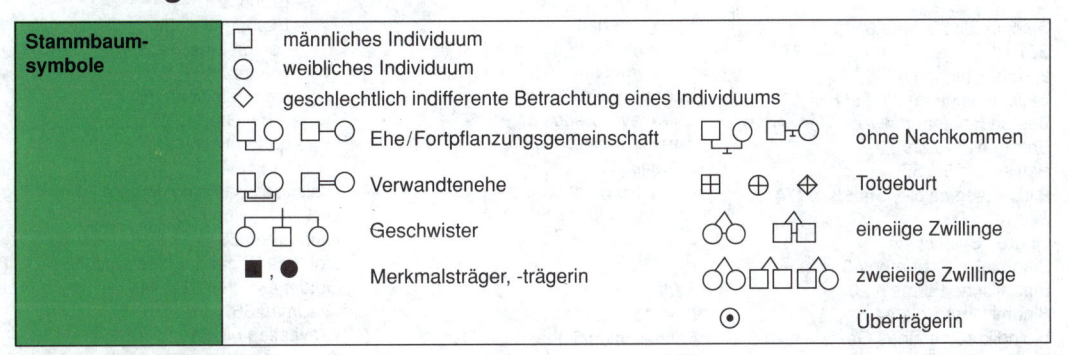

Stammbaum-symbole		
□	männliches Individuum	
○	weibliches Individuum	
◇	geschlechtlich indifferente Betrachtung eines Individuums	
⊡○ ⊡—○	Ehe/Fortpflanzungsgemeinschaft	⊡○ ⊡—○ ohne Nachkommen
⊡○ ⊡—○	Verwandtenehe	⊞ ⊕ ◈ Totgeburt
○□○	Geschwister	○○ △ eineiige Zwillinge
■, ●	Merkmalsträger, -trägerin	○○△□□ zweieiige Zwillinge
⊙	Überträgerin	

Mikrobiologie

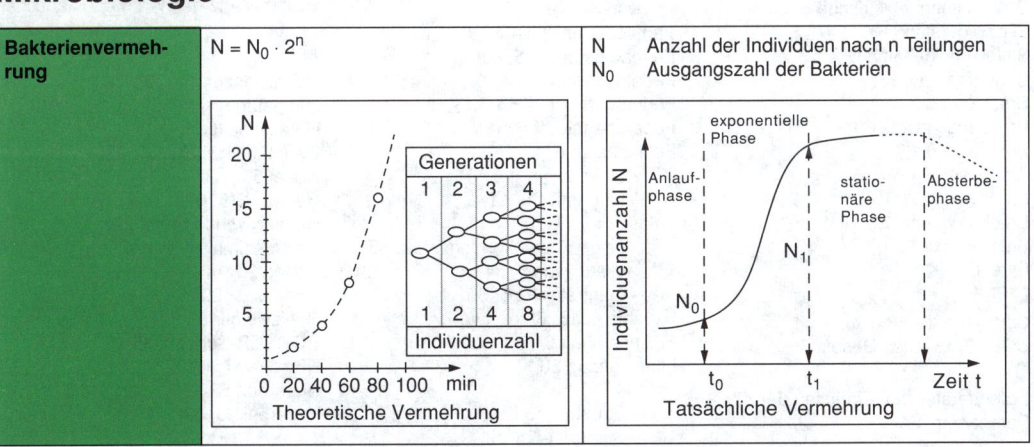

Bakterienvermehrung

$N = N_0 \cdot 2^n$

N   Anzahl der Individuen nach n Teilungen
N_0 Ausgangszahl der Bakterien

Theoretische Vermehrung

Tatsächliche Vermehrung

Anlaufphase, exponentielle Phase, stationäre Phase, Absterbephase

Bio 2

85

Register

A
Abbildungsgleichung 69
Abbildungsmaßstab 69
Abgleichbedingung 52
Achsenabschnittsgleichung 41
Aggregatzustandsänderungen 62
Ähnlichkeitssätze 27
Aktivität 6, 70
Algorithmenstrukturen 49
Amplitude 60, 68
Anlaßfarben 53
Anpassung 51
Äquivalent, elektrochemisches 15
Äquivalentdosis 6, 70
Arbeit 6
– elektrische 63
– im Gravitationsfeld 61
– mechanische 58
ASCII-Zeichen 48
Assoziativgesetze 20
Astronomische Einheit 71
Atommasse, relative 6, 70
Auftriebskraft 55, 59
Ausbeute 78
Ausbreitungsgeschwindigkeit 7, 60, 68
Auslenkung 60, 68
Aussagenverknüpfungen 19
Außenwinkel 28
AVOGADRO-Konstante 11

B
Beleuchtungsstärke 6, 70
BERNOULLIsche Gleichung 59
Beschleunigung 6, 56
Beschleunigungsarbeit 58
Bestandsaufnahme von Pflanzen 82
Betrag einer Zahl 20
Bewegung 56, 57
Bildungsenthalpie, Standard- 74
Bildweite 69
binäres System 47
Binomialkoeffizienten 43
Binomische Formeln 20
Binomischer Satz 44
Bioindikatoren eines Gewässers 82
Biomasseproduktion 80
Bitmuster 47
Blindleistung, elektrische 6, 66
Blindwiderstand 67
Blutalkoholgehalt 83
Bogenmaß 36
Brechkraft 6
Brechungsgesetz 69
Brechwert 6, 69
Brechzahl 17
Brennweite 6, 69
Bruchrechnung 20
Brückenschaltung 52
Byte 47

C
Code-Tabelle 48
COULOMBsches Gesetz 64

D
Datendarstellung, Einheiten der 47
Datentypen 49
Dauer 8
Dichte 11, 12, 59, 77
Dielektrizitätszahl 16
Differenzmenge 18
Dipol 68
Diskont 23
Diskriminante 25, 35
Distributivgesetz 20
Drachenviereck 30
Drehmoment 6, 56
Drehzahl 6, 56
Dreiecke 29, 38
Dreiecksschaltung 52
Dreiecksungleichungen 20, 29
Dreisatz 22
Druck 6, 59
Dualsystem 47
Durchschlagsfestigkeit 6, 65

E
e, EULERsche Zahl 11
Effektivwert 66
Eigenfrequenz 68
Einheitenvorsätze 5
Einsetzungsverfahren 24
Elektrolyse 67
Elektron 11
Elementarladung 11
Elongation 68
Energie 6, 58
Energiedosis 6, 70
Energiegehalt
– von Nährstoffen 83
– von Nahrungsmitteln 83
Energieniveau 70
Energieverbrauch 84
Entbindungstermin 84
Ereignis 45
Ereignisse, unabhängige 46
Erregerfrequenz 68
Erstarrungswärme 62

F
Fadenpendel 60
Fakultät 43
Fallbeschleunigung 6, 57, 70
FARADAY-Konstante 11, 67
FARADAYsche Gesetze der Elektrolyse 67, 79
Farbcode für Widerstände 51
Federkonstante 55, 60
Federschwinger 60
Federspannarbeit 58
Federspannkraft 55
Feldkonstante
– elektrische 11
– magnetische 11
Feldstärke
– eines Plattenkondensators 65
– elektrische 6, 64 f.
– magnetische 6, 65
Feuchte 6, 15, 62
Flächeninhalt 6
Flaschenzug 56
Formel 74
– Struktur- 75
– Summen- 75

freier Fall 57
Frequenz 7, 68
Funktion
– Eigenschaften 34
– Exponential- 39
– lineare 35
– Potenz- 36
– quadratische 35
– rationale 35
– Winkel- 36 ff.
– Wurzel- 36
– Logarithmus - 39

G
Gaskonstante, allgemeine 11
Gegenstandsweite 69
Geneigte Ebene 56
Geradengleichungen 41
Gesamtumsatz 83
Geschwindigkeit 7, 56 f.
Geschwindigkeit, kosmische 61
Gesetz von AMONTONS 63
Gesetz von BOYLE-MARIOTTE 63
Gesetz von GAY-LUSSAC 63
Gewässergüteklasse 82
Gewichtskraft 55
ggT 20
Gleichgewicht am Hebel 56
Gleichstromkreis 63, 64
Gleichungen
– Bruch- 26
– Exponential- 26
– goniometrische 26
– lineare 24
– logarithmische 26
– n-ten Grades 25
– quadratische 25
– Wurzel- 26
Gleichungssysteme, lineare 24
Gleichverteilung 45
Glühfarben 53
Goldene Regel der Mechanik 56
Goldener Schnitt 21, 41
Gradmaß 36
Gravitation 58, 61
Gravitationskonstante 11, 61
Griechisches Alphabet 4
Grundgesetz des Wärmeaustauschs 62

H
Halbwertszeit 17, 70
Hangantriebskraft 56
Häufigkeit 45
Hauptähnlichkeitssatz 27
Hebel 56
Heizwert 15, 61
HERONische Formel 29
Hexadezimalsystem 47
Höhen 29
Höhensatz 29
Hohlzylinder 33
HORNER-Schema 35
Hörschwelle 60
Hubarbeit 58
Hyperbel 36, 43

Register

I
ideales Gas 63
Idealgewicht 83
Indikationsgewicht 82
Induktivität 7, 66, 67
Inkreis 29
Innenwinkel 28
Intelligenzquotient 84
Intervalle 19
Isotope 17

K
Kapazität, elektrische 7, 65
Kartesisches Koordinatensystem 40
Kathetensatz 29
Kavalierperspektive 54
Kegel 33
Kegelstumpf 33
KEPLERsche Gesetze 61
Kernbindungsenergie 70
Kernladungszahl 70
Kernmasse 70
Kettensatz 22
kgV 20
Klemmenspannung 51
Kombinationen 44
Kommutativgesetze 20
Komplementärmenge 18
Komplementdarstellung 47
Komplementwinkel 28
Kondensationswärme 62
Kondensator 50, 65
Kongruenzsätze 27
Kontinuitätsgleichung 59
Koordinatentransformationen 40
Körperdarstellung, perspektivische 54
Körpergröße, durchschnittliche 84
Kosinussatz 38
Kraft 7, 55
Kräftegleichgewicht 56
Kraftmoment 6, 56
Kraftumformende Einrichtungen 56
Kreis 31, 42
Kreisbewegung 56
Kreisfrequenz 7, 60, 68
Kreiskegel 33
Kreiszylinder 33
Kugel 33
Kurs 22
Kurzschluß 51

L
Ladung, elektrische 7, 63
– spezifische 11
Längenänderung 63
Längenausdehnungskoeffizient 13
Lautstärke 7
Lautstärkepegel 7, 60
Leerlauf 51
Leistung 7
– elektrische 63
– mechanische 58
– thermische 61
Leistungsfaktor 7, 66
Leistungsübersetzung 67
Leitfähigkeit, elektrische 7, 16, 63
Leitungsvorgänge 67

Leitwert, elektrischer 7, 63
Leuchtdichte 7, 70
Lichtgeschwindigkeit 11, 17
Lichtjahr 71
Lichtstärke 7, 70
Lichtstrom 7, 70
Linsen, dünne 69
Logarithmen 21
Logarithmusfunktionen, Werte von 39
LORENTZkraft 65
Löslichkeit von Salzen 78
Lösungen, Zusammensetzung von 78
LUDOLFsche Zahl 11, 31
Luftfeuchte, relative 62
Luftwiderstandszahlen 12

M
M 21
Masse 7
Maße, nichtdezimale 9
Masse, molare 7
Massenanteil 78
Massendefekt 70
Massenkonzentration 78
Massenzahl 70
Mengen, Rechenregeln für 18
Mengenbeziehungen 18
Mengenverknüpfungen 18
Meßschaltung
– spannungsrichtige 52
– stromrichtige 52
mikroskopische Gesamtvergrößerung 80
mikroskopisches Auflösungsvermögen 80
Mischungsrechnen 22, 79
Mischungstemperatur 62
Mittel
– aritmetisches 21, 46
– geometrisches 21
– harmonisches 21
Mittelsenkrechte 29
Molenbruch 78
Momentanwert 66

N
NAEGELEsche Regel 84
Näherungswerten, Rechnen mit 5
Nebenwinkel 28
Neugrad 36
Neutron, Ruhemasse 11
NEWTONsche Gesetze 55
Normalgewicht 83
Normalkraft 55, 56
Normdruck 11
Normfallbeschleunigung 11
Normtemperatur 11
Normvolumen, molares 11
Nukleonenzahl 70
Nullpunkt, absoluter 11
Nullstelle 34

O
Objektiv 69
OHMsches Gesetz 63
Ökologische Zeigerwerte 82
Okular 69
Ordnungszahl 70

Ortsfaktor 6
Osmotische Zustandsgleichung 80
Oszillator, harmonischer 60

P
π, LUDOLFsche Zahl 31
Papierformate 54
Papier- und Dünnschichtchromatographie, 80
Parabel 36, 42
Parallelogramm 30
Parallelschaltung 64, 65, 67
Parsec 71
PEARL-Index 84
Periode 38
Periodendauer 7, 60, 68
Peripheriewinkel 31
Permeabilitätszahl 16
Permutationen 44
Pfadregel 46
Pfeife 60
Phasengeschwindigkeit 60
Phasenverschiebung 67
Phasenwinkel 68
pH-Wert-Skale 79
PLANCK-Konstante 11
Planeten 71
Plankton- und Schwebstoffgehalt 81
Polarkoordinatensystem 40
Polarwinkel 40
Polstelle 35
Potentiometerschaltung 51
Potenzen 21
Potenzmenge 18
Primzahlen 4
Prismen 27
Produktivität der Photosynthese 80
Produktmenge 18
Projektion
– dimetrische 54
– frontal-dimetrische 54
– isometrische 54
Proportion
– direkte 21, 22
– umgekehrte 21, 22
Proton, Ruhemasse 11
Protonenzahl 70
Prozentrechnung 23
Prozentsätze, „bequeme" 23
PTOLEMÄUS, Satz des 30
Punktrichtungsgleichung 41
Pyramiden 32
Pyramidenstümpfe 32
PYTHAGORAS, Satz des 29

Q
Quader 32
Quadrat 30
Qualität des Wassers 81

R
Radialkraft 55
Radius 7
Raumwinkel 7
Raute 30
Rechenoperationen 19
Rechteck 30
rechtwinkliges Dreieck 29, 37

87

Register

Reduktionsformeln 37
Reflexionsgesetz 69
Regelkreis 85
Reibungsarbeit 58
Reibungskraft 55
Reibungszahlen 12
Reihenschaltung
– von Kondensatoren 65
– von R, X_L und X_C 67
– von Spannungsquellen 64
– von Widerständen 64
Rendite 23
Rentenformeln 23
Resonanzbedingung 68
Respiratorischer Quotient 80
Rhomboid 30
Rhombus 30
RICHMANNsche Mischungsregel 62
Richtgröße 60
Rolle 56
Römische Zahlzeichen 4
Ruhemasse 11
Rundungsregeln 5

S
Saprobienindex 81
Saprobienstufe 82
Sauerstoffbedarf, biochemischer 81
Sauerstoffbestimmung 81
Sauerstoffsättigung 81
Säure-Base-Indikatoren 77
Säure-Base-Konstanten 77
Schalldruck 60
Schalldruckpegel 7, 60
Schallgeschwindigkeit 12
Schallintensität 7, 60
Schaltzeichen 50
Scheinleistung 66
Scheinwiderstand 67
Scheitelpunkt 35
Scheitelwert 66
Scheitelwinkel 28
Schmelztemperatur 14, 62, 74
Schmelzwärme, spezifische 14, 62
Schnittmenge 18
Schuldentilgungsformeln 23
Schweredruck 59
Schwerpunkt 29
Schwingungen 60, 68
Schwingungsdauer 1
Sehnentangentenwinkel 31
Sehnenviereck 30
Sehweite, deutliche 69
Sehwinkel 69
Seitenhalbierende 29
Sekantennäherungsverfahren 35
Sexualbiologie/Entwicklung 84
Siderisches Jahr 71
Siedetemperatur 15, 62, 74
Sinussatz 38
Sonnentag 71
Spannung, elektrische 8, 63, 66
Spannungsreihe der Metalle 79
Spannungsteilerregel 64
Spannungsübersetzung 67
Spektrum 17
Spiegel 69

Stammbaumsymbole 85
Staudruck 59
Sterne 71
Sternschaltung 52
Sterntag 71
Stichprobenraum 45
Stöchiometrisches Rechnen 78
Stoffmenge 8, 78
Stoffmengenanteil 78
Stoffmengenkonzentration 8, 78
Strahlensätze 27
Strahlung 17
Stromstärke, elektrische 8, 63, 66
Stromstärkeübersetzung 67
Stromteilerregel 64
Strömungswiderstandskraft 59
Stromverstärkungsfaktor 68
Struktogramm 49
Stufenwinkel 28
Summen, spezielle 40
Supplementwinkel 28

T
Teiler 19
Teilmenge 18
Teilverhältnis 41
Temperatur 8
Termumformungen 20
Tetraeder 32
THALES, Satz des 31
THOMSONsche Schwingungsgleichung 68
Trägheitsgesetz 55
Transformator 67
Transistor 68
Trapez 30

U
Übersetzungsverhältnis 8, 53, 67
Umkehrfunktion 34, 38
Umkreis 29
Umkreisradius 38
Umlaufzeit 71
Uranus 71

V
Variationen 44
Verbindungen
– anorganische 74
– organische 75
Verbrennungswärme 61
Verdampfungswärme, spezifische 15, 62
Vereinigungsmenge 18
Vergrößerung 8, 69, 80
Verknüpfungen, logische 51
Verlustleistung 67, 68
Versagerquote 84
Vielecke, regelmäßige 31
Vielfaches 20
Vierecke 30
VIETAscher Wurzelsatz 25
Volumen 8
Volumen, molares 7, 78
Volumenänderung 63
Volumenanteil 78
Volumenausdehnungskoeffizient 13
Volumenkonzentration 78

W
Wahrheitswertetafeln 19
Wahrscheinlichkeit
– bedingte 46
– Regeln und Sätze 45
Währungsrechnen 22
Wärme 8, 61
Wärmeaustausch 62
Wärmedurchgang 62
Wärmedurchgangskoeffizient 14
Wärmeinhalt 8, 61
Wärmekapazität 8, 61
Wärmekapazität, spezifische 13, 61
Wärmeleitfähigkeit 14
Wärmeleitung 62
Wärmeleitwiderstand 8, 62
Wärmemenge 8, 61
Wärmequellen 61
Wärmestrom 8, 62
Wärmeübergang 62
Wärmeübergangskoeffizient 14
Wärmeübertragung 62
Wasserhaushalt 80
Wechselstromkreis 66
Wechselwinkel 28
Wechselwirkungsgesetz 55
Wellen 60, 68
Wellengleichung 60, 69
Wellenlänge 8, 60, 68
WHEATSTONEsche Brücke 52
Widerstand 50
– elektrischer 63
– induktiver 8, 66
– kapazitiver 8, 66
– OHMscher 8, 66
– spezifischer elektrischer 16, 63
Widerstandsgesetz 63
Winkel 8, 28
Winkelhalbierende 29
Wirkleistung 66
Wirkungsgrad 8, 58
– eines Transformators 67
– von Wärmequellen 61
Wurf 57
Würfel 32
Wurzeln 21

Z
Zahlenfolge 39
Zahlenmengen 19
Zehnerpotenzen, abgetrennt 5
Zeigerdiagramm 67
Zeit 8
Zentriwinkel 31
Zerfallsgesetz 70
Zerfallsrate 6
Zinsdivisoren 23
Zinseszinsen 23
Zinsrechnung 23
Zufallsversuch 45
Zustandsänderung
– isobare 63
– isochore 63
– isotherme 63
Zweipol 51
Zweipunktegleichung 41
Zylinder 33

Quadratzahlen, Kubikzahlen, Quadratwurzeln, Kubikwurzeln der natürlichen Zahlen von 1 bis 100

n	n^2	n^3	$\sqrt{n}$	$\sqrt[3]{n}$	n	n^2	n^3	$\sqrt{n}$	$\sqrt[3]{n}$
1	1	1	1,0000	1,0000	51	2601	132651	7,1414	3,7084
2	4	8	1,4142	1,2599	52	2704	140608	7,2111	3,7325
3	9	27	1,7321	1,4422	53	2809	148877	7,2801	3,7563
4	16	64	2,0000	1,5874	54	2916	157464	7,3485	3,7798
5	25	125	2,2361	1,7100	55	3025	166375	7,4162	3,8030
6	36	216	2,4495	1,8171	56	3136	175616	7,4833	3,8259
7	49	343	2,6458	1,9129	57	3249	185193	7,5498	3,8485
8	64	512	2,8284	2,0000	58	3364	195112	7,6158	3,8709
9	81	729	3,0000	2,0801	59	3481	205379	7,6811	3,8930
10	100	1000	3,1623	2,1544	60	3600	216000	7,7460	3,9149
11	121	1331	3,3166	2,2240	61	3721	226981	7,8102	3,9365
12	144	1728	3,4641	2,2894	62	3844	238328	7,8740	3,9579
13	169	2197	3,6056	2,3513	63	3969	250047	7,9373	3,9791
14	196	2744	3,7417	2,4101	64	4096	262144	8,0000	4,0000
15	225	3375	3,8730	2,4662	65	4225	274625	8,0623	4,0207
16	256	4096	4,0000	2,5198	66	4356	287496	8,1240	4,0412
17	289	4913	4,1231	2,5713	67	4489	300763	8,1854	4,0615
18	324	5832	4,2426	2,6207	68	4624	314432	8,2462	4,0817
19	361	6859	4,3589	2,6684	69	4761	328509	8,3066	4,1016
20	400	8000	4,4721	2,7144	70	4900	343000	8,3666	4,1213
21	441	9261	4,5826	2,7589	71	5041	357911	8,4261	4,1408
22	484	10648	4,6904	2,8020	72	5184	373248	8,4853	4,1602
23	529	12167	4,7958	2,8439	73	5329	389017	8,5440	4,1793
24	576	13824	4,8990	2,8845	74	5476	405224	8,6023	4,1983
25	625	15625	5,0000	2,9240	75	5625	421875	8,6603	4,2172
26	676	17576	5,0990	2,9625	76	5776	438976	8,7178	4,2358
27	729	19683	5,1962	3,0000	77	5929	456533	8,7750	4,2543
28	784	21952	5,2915	3,0366	78	6084	474552	8,8318	4,2727
29	841	24389	5,3852	3,0723	79	6241	493039	8,8882	4,2908
30	900	27000	5,4772	3,1072	80	6400	512000	8,9443	4,3089
31	961	29791	5,5678	3,1414	81	6561	531441	9,0000	4,3267
32	1024	32768	5,6569	3,1748	82	6724	551368	9,0554	4,3445
33	1089	35937	5,7446	3,2075	83	6889	571787	9,1104	4,3621
34	1156	39304	5,8310	3,2396	84	7056	592704	9,1652	4,3795
35	1225	42875	5,9161	3,2711	85	7225	614125	9,2195	4,3968
36	1296	46656	6,0000	3,3019	86	7396	636056	9,2736	4,4140
37	1369	50653	6,0828	3,3322	87	7569	658503	9,3274	4,4310
38	1444	54872	6,1644	3,3620	88	7744	681472	9,3808	4,4480
39	1521	59319	6,2450	3,3912	89	7921	704969	9,4340	4,4647
40	1600	64000	6,3246	3,4200	90	8100	729000	9,4868	4,4814
41	1681	68921	6,4031	3,4482	91	8281	753571	9,5394	4,4979
42	1764	74088	6,4807	3,4760	92	8464	778688	9,5917	4,5144
43	1849	79507	6,5574	3,5034	93	8649	804357	9,6437	4,5307
44	1936	85184	6,6332	3,5303	94	8836	830584	9,6954	4,5468
45	2025	91125	6,7082	3,5569	95	9025	857375	9,7468	4,5629
46	2116	97336	6,7823	3,5830	96	9216	884736	9,7980	4,5789
47	2209	103823	6,8557	3,6088	97	9409	912673	9,8489	4,5947
48	2304	110592	6,9282	3,6342	98	9604	941192	9,8995	4,6104
49	2401	117649	7,0000	3,6593	99	9801	970299	9,9499	4,6261
50	2500	125000	7,0711	3,6840	100	10000	1000000	10,0000	4,6416

Umrechnungstafel Grad in Radiant

Grad	Radiant	Grad	Radiant	Grad	Radiant	Grad	Radiant	Grad	Radiant	Grad	Radiant
0,5	0,009	15,5	0,271	30,5	0,532	45,5	0,794	60,5	1,056	75,5	1,318
1	0,017	16	0,279	31	0,541	46	0,803	61	1,065	76	1,326
1,5	0,026	16,5	0,288	31,5	0,550	46,5	0,812	61,5	1,073	76,5	1,335
2	0,035	17	0,297	32	0,559	47	0,820	62	1,082	77	1,344
2,5	0,044	17,5	0,305	32,5	0,567	47,5	0,829	62,5	1,091	77,5	1,353
3	0,052	18	0,314	33	0,576	48	0,838	63	1,100	78	1,361
3,5	0,061	18,5	0,323	33,5	0,585	48,5	0,846	63,5	1,108	78,5	1,370
4	0,070	19	0,332	34	0,593	49	0,855	64	1,117	79	1,379
4,5	0,079	19,5	0,340	34,5	0,602	49,5	0,864	64,5	1,126	79,5	1,388
5	0,087	20	0,349	35	0,611	50	0,873	65	1,134	80	1,396
5,5	0,096	20,5	0,358	35,5	0,620	50,5	0,881	65,5	1,143	80,5	1,405
6	0,105	21	0,367	36	0,628	51	0,890	66	1,152	81	1,414
6,5	0,113	21,5	0,375	36,5	0,637	51,5	0,899	66,5	1,161	81,5	1,422
7	0,122	22	0,384	37	0,646	52	0,908	67	1,169	82	1,431
7,5	0,131	22,5	0,393	37,5	0,654	52,5	0,916	67,5	1,178	82,5	1,440
8	0,140	23	0,401	38	0,663	53	0,925	68	1,187	83	1,449
8,5	0,148	23,5	0,410	38,5	0,672	53,5	0,934	68,5	1,196	83,5	1,457
9	0,157	24	0,419	39	0,681	54	0,942	69	1,204	84	1,466
9,5	0,166	24,5	0,428	39,5	0,689	54,5	0,951	69,5	1,213	84,5	1,475
10	0,175	25	0,436	40	0,698	55	0,960	70	1,222	85	1,484
10,5	0,183	25,5	0,445	40,5	0,707	55,5	0,969	70,5	1,230	85,5	1,492
11	0,192	26	0,454	41	0,716	56	0,977	71	1,239	86	1,501
11,5	0,201	26,5	0,463	41,5	0,724	56,5	0,986	71,5	1,248	86,5	1,510
12	0,209	27	0,471	42	0,733	57	0,995	72	1,257	87	1,518
12,5	0,218	27,5	0,480	42,5	0,742	57,5	1,004	72,5	1,265	87,5	1,527
13	0,227	28	0,489	43	0,750	58	1,012	73	1,274	88	1,536
13,5	0,236	28,5	0,497	43,5	0,759	58,5	1,021	73,5	1,283	88,5	1,545
14	0,244	29	0,506	44	0,768	59	1,030	74	1,292	89	1,553
14,5	0,253	29,5	0,515	44,5	0,777	59,5	1,038	74,5	1,300	89,5	1,562
15	0,262	30	0,524	45	0,785	60	1,047	75	1,309	90	1,571

Umrechnungstafel Radiant in Grad

Radiant	Grad	Radiant	Grad	Radiant	Grad	Radiant	Grad	Radiant	Grad	Radiant	Grad
0,01	0,6	0,31	17,8	0,61	35,0	0,91	52,1	1,21	69,3	1,51	86,5
0,02	1,1	0,32	18,3	0,62	35,5	0,92	52,7	1,22	69,9	1,52	87,1
0,03	1,7	0,33	18,9	0,63	36,1	0,93	53,3	1,23	70,5	1,53	87,7
0,04	2,3	0,34	19,5	0,64	36,7	0,94	53,9	1,24	71,0	1,54	88,2
0,05	2,9	0,35	20,1	0,65	37,2	0,95	54,4	1,25	71,6	1,55	88,8
0,06	3,4	0,36	20,6	0,66	37,8	0,96	55,0	1,26	72,2	1,56	89,4
0,07	4,0	0,37	21,2	0,67	38,4	0,97	55,6	1,27	72,8	1,57	90,0
0,08	4,6	0,38	21,8	0,68	39,0	0,98	56,1	1,28	73,3	1,58	90,5
0,09	5,2	0,39	22,3	0,69	39,5	0,99	56,7	1,29	73,9	1,59	91,1
0,10	5,7	0,40	22,9	0,70	40,1	1,00	57,3	1,30	74,5	1,60	91,7
0,11	6,3	0,41	23,5	0,71	40,7	1,01	57,9	1,31	75,1	1,61	92,2
0,12	6,9	0,42	24,1	0,72	41,3	1,02	58,4	1,32	75,6	1,62	92,8
0,13	7,4	0,43	24,6	0,73	41,8	1,03	59,0	1,33	76,2	1,63	93,4
0,14	8,0	0,44	25,2	0,74	42,4	1,04	59,6	1,34	76,8	1,64	94,0
0,15	8,6	0,45	25,8	0,75	43,0	1,05	60,2	1,35	77,3	1,65	94,5
0,16	9,2	0,46	26,4	0,76	43,5	1,06	60,7	1,36	77,9	1,66	95,1
0,17	9,7	0,47	26,9	0,77	44,1	1,07	61,3	1,37	78,5	1,67	95,7
0,18	10,3	0,48	27,5	0,78	44,7	1,08	61,9	1,38	79,1	1,68	96,3
0,19	10,9	0,49	28,1	0,79	45,3	1,09	62,5	1,39	79,6	1,69	96,8
0,20	11,5	0,50	28,6	0,80	45,8	1,10	63,0	1,40	80,2	1,70	97,4
0,21	12,0	0,51	29,2	0,81	46,4	1,11	63,6	1,41	80,8	1,71	98,0
0,22	12,6	0,52	29,8	0,82	47,0	1,12	64,2	1,42	81,4	1,72	98,5
0,23	13,2	0,53	30,4	0,83	47,6	1,13	64,7	1,43	81,9	1,73	99,1
0,24	13,8	0,54	30,9	0,84	48,1	1,14	65,3	1,44	82,5	1,74	99,7
0,25	14,3	0,55	31,5	0,85	48,7	1,15	65,9	1,45	83,1	1,75	100,3
0,26	14,9	0,56	32,1	0,86	49,3	1,16	66,5	1,46	83,7	1,76	100,8
0,27	15,5	0,57	32,7	0,87	49,8	1,17	67,0	1,47	84,2	1,77	101,4
0,28	16,0	0,58	33,2	0,88	50,4	1,18	67,6	1,48	84,8	1,78	102,0
0,29	16,6	0,59	33,8	0,89	51,0	1,19	68,2	1,49	85,4	1,79	102,6
0,30	17,2	0,60	34,4	0,90	51,6	1,20	68,8	1,50	85,9	1,80	103,1

(vgl. S. 36)